Was **denkt** meine **Katze?**

Was denkt meine Katze?

GWEN BAILEY

KOSMOS

Impressum

Aus dem Englischen übersetzt von Dr. Elke Narath, Gabersdorf, Österreich.

Titel der Originalausgabe: "What's my cat thinking?", erschienen bei Hamlyn Octopus, an imprint of Octopus Publishing Group Ltd 2-4 Heron Quays, Docklands, London E14 4JP, ISBN 0-600-60422-5

Umschlag von eStudio Calamar unter Verwendung zweier Farbfotos von Heike Erdmann.

Mit 163 Farbfotos
Bildnachweis S. 96

Bibliografische Information Der Deutschen Bibliothek

Die Deutsche Bibliothek verzeichnet diese Publikation in der Deutschen Nationalbibliografie; detaillierte bibliografische Daten sind im Internet über http://dnb.ddb.de abrufbar.

Gedruckt auf chlorfrei gebleichtem Papier

Für die deutsche Ausgabe:

ISBN 3-440-10133-9
Redaktion: Alice Rieger
Produktion: Kirsten Raue/
Markus Schärtlein
Printed in China/
Imprimé en Chine

KOSMOS
Postfach 10 60 11
D-70049 Stuttgart
TELEFON +49 (0)711-2191-0
FAX +49 (0)711-2191-422
WEB www.kosmos.de
E-MAIL info@kosmos.de

Inhalt

Zu diesem Buch

Katzen sind bekannt für ihre Unabhängigkeit und ihren Eigenwillen. Kommen sie zu uns, freuen wir uns und versuchen, ihnen alles recht zu machen. Wir würden sie oftmals gern fragen, wie es ihnen geht oder warum sie bestimmte Dinge tun. Leider ist das nicht möglich. Wie können wir dennoch herausfinden, was sie gerade denken? Dieses Buch hilft Ihnen, Katzenverhalten richtig zu interpretieren, indem viele typische Verhaltensweisen abgebildet und mit einem erklärenden Text versehen sind.

Es gibt nicht viele wissenschaftliche Arbeiten über Hauskatzen, auf die wir zurückgreifen können. Daher müssen wir uns auf eigene Schlussfolgerungen, die aus unseren Beobachtungen und Erfahrungen hervorgehen, verlassen. Durch aufmerksames Beobachten unserer Heimtiere lernen wir deren Körpersprache und Handlungen besser kennen und können somit ihre Gefühle erahnen. Durch meine Arbeit als Verhaltensforscherin und durch mein Leben mit Katzen habe ich viele Katzen in verschiedenen Situationen beobachtet und Fotos sowie Videos von extremem Katzenverhalten analysiert. Ich konnte feststellen, dass sie scheinbar ähnliche Gefühle haben wie wir und auch ähnlich reagieren. Fügt man dieses Wissen mit anderen Verhaltensstudien zusammen, kann man vermuten, was sie in verschiedenen Situationen denken. Dieses Wissen

zu sammeln, erfordert jedoch viel Zeit. Das vorliegende Buch soll Ihnen dabei helfen, das Ausdrucksverhalten Ihrer Katze zu erkennen und somit ihre Gefühle zu verstehen.

Ich habe versucht, nicht zu vermenschlichen. Allerdings ist dies nur schwer zu vermeiden, da meine Vermutungen wiederum auf meinem – menschlichen – Denken basieren. Ich habe jedoch nicht geschrieben, was viele Menschen gern hören würden, sondern das, von dem ich annehme, was Katzen sagen würden, wenn sie reden könnten.
Ich hoffe, das Buch hilft Ihnen dabei, das Verhalten Ihrer Katze zu interpretieren. Durch besseres Verständnis können Sie ihr ein besseres Leben bieten. Viel zu oft treffe ich auf Katzen, die von Menschen missverstanden werden: Katzen, die mit zahlreichen, im selben Haushalt lebenden Artgenossen auskommen müssen, weil ihr Besitzer Katzen mag und mehrere auf engem Raum hält; Katzen, die nicht ins Freie dürfen und gelangweilt beziehungsweise frustriert sind, oder Katzen, die für ihr natürliches Verhalten bestraft werden, weil der Besitzer andere Vorstellungen von ihren Lebensweisen hat.
Viele dieser Probleme könnten vermieden werden, wenn Besitzer ihre Heimtiere besser verstehen würden. Es ist von Nutzen, das natürliche Verhalten der Katzen und ihre Köpersprache zu kennen, um Missverständnissen vorzubeugen. Besseres Verständnis fördert auch die Mensch-Katze-Beziehnung und verhilft beiden zu glücklichen Stunden.

Einzelgänger

Katzen sind Einzelgänger und keine Rudeltiere wie z.B. Hunde. In Katzenkolonien, in denen mehrere Katzen in der Nähe einer Futterquelle ohne Besitzer leben, gibt es wenig Interaktionen zwischen den Tieren. Sie kommen einander nur näher, wenn es sich nicht vermeiden lässt. Daher ist es erstaunlich, wie gut sie sich unserem Leben angepasst haben, uns tolerieren und unsere Aufmerksamkeit suchen. Menschen gegenüber zeigen sie oft kindliche Verhaltensweisen, die von den meisten Katzenhaltern geschätzt werden. Dafür erhalten sie unsere Aufmerksamkeit, Zuneigung und Futter.

Hier ist es gemütlich

Alte Katzen sind oft noch sehr mobil, auch wenn ihr Schlafbedürfnis größer geworden ist. Genau wie wir bevorzugen sie bequeme Schlafplätze. Dieser ältere Kater schläft den größten Teil des Tages und sucht dazu die gemütlichsten Stellen auf. Seine Besitzerin ist sein Lieblingsplätzchen, denn sie bietet ein warmes, weiches Lager, inklusive Zuneigung, Streicheleinheiten und Pflege. Er weiß, dass er in seinem eigenen Heim sicher ist und entspannt schlafen kann.

WUSSTEN SIE?

- Die Gene des Vaters bestimmen, wie freundlich die Katzenwelpen werden. Die Gene der Mutter spielen diesbezüglich auch eine – wenn auch untergeordnete – Rolle.
- Freundliche Mütter ziehen meist geselligere Kätzchen heran, da sie ihnen von Anfang an die Angst vor Unbekanntem nehmen.

Ich mag Menschen

Dieser Kater wurde von klein auf gut behandelt. Vertrauensvoll genießt er die Gesellschaft einer Fremden. Obwohl er sich nicht in seinem Revier aufhält, fühlt er sich in Anwesenheit der Menschen rundum wohl. Er reibt seinen Kopf am Arm der Frau, um seinen Duft zu hinterlassen. Das Kopfreiben trägt dazu bei, die unterschiedlichen Gerüche zu einem Gemeinschaftsduft zu vermischen, der in Gruppen lebenden Katzen hilft, sich wiederzuerkennen.

Hier schmeckt es mir!

In diesem „Hotel" gibt es leckeres Futter, also bleibt die Katze. Katzen sind Opportunisten und gehen dorthin, wo es am besten schmeckt. Im Gegensatz zu Hunden sind sie ihrer Familie gegenüber nicht immer treu. Aber sie bleiben für gewöhnlich, weil sie eine Bindung an ihr Heim und ihr Revier haben. Wenn ihnen das Futter in einem Haushalt nicht schmeckt, wandern sie fröhlich zur nächsten Tür, wo sie vielleicht besser verpflegt werden.

Gemeinsamer Duft

Katzen reiben sich gern an uns, um einen gemeinsamen Duft zu erzeugen. Das machen sie bei allen bekannten Menschen und Tieren der Familie. Der daraus resultierende Duft riecht nach zuhause und gibt ihnen Sicherheit. Duftdrüsen auf beiden Seiten des Mauls, rund um das Gesicht, am Kopf, entlang des Schwanzes und an der Schwanzwurzel produzieren einen speziellen chemischen Cocktail – den ganz persönlichen Duft der Katze. Für das Sozialleben ist das Vermischen der Gerüche eine wichtige Prozedur. Daher verbringen Katzen viel Zeit damit, sich an uns zu reiben.

Bitte hier streicheln!

Beim Streicheln werden die Duftdrüsen am Kopf der Katze aktiviert. Die Katze drückt ihren Kopf gegen die Hand der streichelnden Person, um ihren Geruch zu hinterlassen. Katzen reiben sich oft an herabhängenden Zweigen und an anderen Gegenständen, an denen sie vorbeigehen. Manchmal stellen sie sich sogar auf die Hinterbeine, um ihren Duft gezielt zu platzieren.

Genau da

Diese Katze reibt ihr Maul an der ausgestreckten Hand entlang, um anschließend mit den anderen Duftdrüsen des Gesichts fortzufahren. Wir wissen nicht, ob aus den verschiedenen Duftdrüsen unterschiedliche Botschaften weitergegeben werden. Katzen scheinen jedenfalls keine speziell zu präferieren und setzen die Duftdrüsen ein, die am nächsten sind.

Halt still!

Die Nase der Frau ist auf derselben Höhe wie der Kopf des Katers. Er reibt seinen Kopf an ihr, um seinen Duft zu hinterlassen. Dabei schließt er ein Auge, um sich nicht zu verletzen. Er scheint es zu genießen, so wie die Frau, die es als freundliche Geste ansieht. Sie lächelt glücklich.

Mach weiter!

Die Katze wird entlang des Rückens gestreichelt. Sie hebt dabei ihr Hinterteil, um die Duftdrüsen der Schwanzwurzel gegen die streichelnde Hand zu drücken. Dabei wird der Schwanz zu einer Art „Henkel" geformt, wenn sie ihren Duft auf Menschen oder andere Tiere überträgt.

WUSSTEN SIE?

▸ Eine Katze, die vom Tierarztbesuch nach Hause kommt, riecht anders und kann von ihren Artgenossen als Fremde angesehen werden. Es kann helfen, die Katzen vorerst zu trennen und ihre Gerüche mit einem Tuch zu vermischen.

Ah, das tut gut

Die Hand gleitet mit sanftem Druck über das Gesicht der Katze. Sie scheint es zu genießen, entlang der Wangen und über den Augen gestreichelt zu werden.

Begrüßungen

Jeder, der Katzen hält, kennt die „Schwanz in die Höh'"-Geste, mit der Katzen Bekannte begrüßen. Mit dieser Geste begrüßen sie sich auch untereinander, wenn sie sich kennen. Wird das Signal von der anderen Katze erwidert, folgt oftmals ein Aneinanderreiben der Köpfe. Anschließend reibt die eine Katze ihren Körper an der Flanke der anderen. Da diese Art der Begrüßung zwischen Katze und Mensch aufgrund des unterschiedlichen Größenverhältnisses nicht möglich ist, streichen sie stattdessen um unsere Beine.

Hallo, da bist du ja!

Diese beiden Katzen begrüßen ihre zurückgekehrte Besitzerin mit in die Luft gestreckten Schwänzen. Das untere Drittel ist starr, während das obere Ende hin und her pendelt. Die Frau antwortet auf typisch menschliche Art: Sie lächelt und streckt ihre Hand aus, um sie zu begrüßen. Die Katzen sind mit dieser Geste vertraut. Die Katzen könnten ihre Besitzerin aber noch besser verstehen, wenn sie auch einen Schwanz zum in die Luft strecken hätte.

Hallo Fremder

Manche Katzen sind so freundlich, dass sie sich auch Fremden nähern, um sich streicheln zu lassen. Dieser dreibeinige Kater begrüßt eine fremde Frau mit erhobenem Schwanz. Er ist jedoch etwas unsicher, wie sie ihm begegnen wird.

WUSSTEN SIE?

▸ Wenn kleine Kätzchen während der Sozialisierungsphase (das ist zwischen der 2. und 7. Lebenswoche) gute Erfahrungen mit Menschen gemacht haben, werden sie später zu freundlichen, offenen Katzen.

Schön, dich zu sehen

Die Frau ist freundlich, also trägt der Kater den Schwanz weiter erhoben, während er sein Gesicht an ihrer Hand reibt.
Katzen, die ein traumatisches Erlebnis hatten, wie beispielsweise einen Verkehrsunfall, durchleben eine zweite Sozialisierungsphase während der Genesung. Das bedeutet, dass sie Menschen gegenüber viel freundlicher werden, als sie es zuvor waren. Allerdings kann auch das Gegenteil eintreten, wenn sie in dieser Zeit schlechte Erfahrungen mit Menschen gemacht haben.

Streicheln

Katzen zeigen welpenhaftes Verhalten, wenn sie von uns gestreichelt werden. Sie schnurren und beginnen mit den Pfoten zu treten und zu kneten. Dieses Verhalten stammt aus der Welpenzeit, denn die Kätzchen regen den Milchfluss mit massierenden Bewegungen der Pfoten an und schnurren gemeinsam mit der Mutter, während sie saugen. Wenn sie das Zusammensein mit Menschen genießen, zeigen sie die charakteristischen massierenden Bewegungen und schnurren – beides Zeichen einer zufriedenen Katze. Unser Streicheln ähnelt dem Verhalten der Mutter, wenn sie ihre Welpen ableckt und löst das Verhaltensrepertoire aus, das sie in ihrer Welpenphase gezeigt haben.

Ich mache ein Nickerchen

Dieser Kater ist es von klein an gewöhnt, geknuddelt zu werden. Er vertraut seiner Besitzerin und hat nichts dagegen, so innig umarmt zu werden. Andere Katzen könnten dies als zu eng empfinden und mehr oder weniger stark versuchen, ihren Weg in die Freiheit zu erkämpfen. Dieser Kater schließt jedoch entspannt die Augen, im Wissen, dass ihm nichts passiert, weil seine Besitzerin die Verantwortung für sein Wohlbefinden übernimmt.

Ich bin ganz entspannt

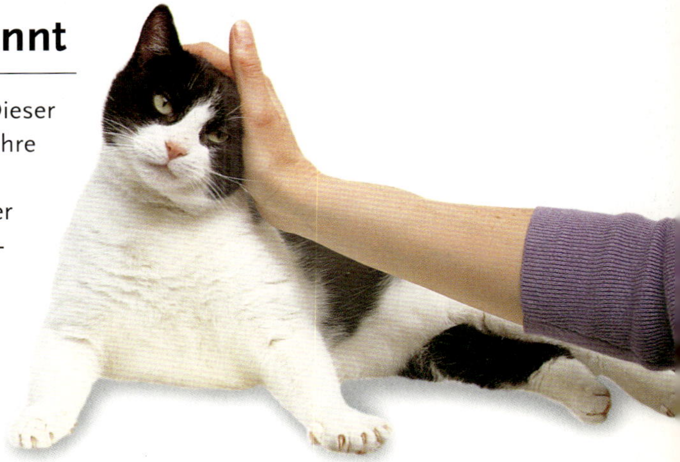

Entspannte Katzen strecken sich. Dieser Kater mag Menschen und genießt ihre Gesellschaft und Aufmerksamkeit. Während des Streichelns schnurrt er laut, indem er beim Ein- und Ausatmen ein Brummen erzeugt. Er hat mit dem so genannten Milchtritt begonnen, was man an der linken Pfote gut erkennen kann: Sie wird mit ausgefahrenen Krallen gegen den Boden gedrückt.

Das mag ich nicht so gern

Hier sind die Krallen der rechten Pfote ausgefahren, die der linken nicht. Würde der Kater auf Ihrem Schoß sitzen, könnten die Krallen der knetenden Pfote Ihre Haut verletzen. Er sieht gerade ein wenig missmutig aus. Wahrscheinlich mag er es nicht, dass die streichelnde Hand seine Ohren bedeckt.

WUSSTEN SIE?

- Katzen fahren ihre Krallen unterschiedlich weit aus, wenn sie gestreichelt werden. Dieses Verhalten kann man ihnen auch nicht abgewöhnen.
- Katzen verstehen es nicht, wenn sie für das Ausfahren ihrer Krallen bestraft werden. Legen Sie sich eine dicke Unterlage auf den Schoß. Sie dämpft schmerzhafte Kratzer auf Ihrer Haut und vermeidet Schäden an der Kleidung. – Sicher ein guter Kompromiss für beide.

Unterschiedliche soziale Bedürfnisse

Katzen haben ein unterschiedlich starkes Bedürfnis nach sozialem Kontakt. Manche Katzen sind unabhängiger und distanzierter als ihren Besitzern lieb ist. Katzen mit einem geringen Bedürfnis nach Sozialkontakt sind eine Enttäuschung für ihren Besitzer, da sie zwar Zuwendung tolerieren, diese aber niemals zu genießen scheinen. Andere wiederum suchen aktiv nach menschlicher Gesellschaft und zeigen Stresssymptome, wenn sie nicht genug Aufmerksamkeit bekommen. Rassen wie Siamesen oder Burmesen sind sehr beliebt, da sie durch selektive Züchtung sehr anhänglich sind.

Lass mich schlafen

Katzen tolerieren oft unsere Zuwendung, genießen sie jedoch nicht immer. Dieser Kater ist gut sozialisiert und vertraut seinen Menschen, möchte zur Zeit jedoch lieber ungestört schlafen. Er hebt den Kopf leicht an, als er gestreichelt wird, sinkt aber gleich wieder auf sein Kissen, um weiterzuschlafen.

WUSSTEN SIE?

- Katzen beginnen im Alter von einer Woche zu schnurren.
- Sie können ohne Unterbrechung beim Ein- und Ausatmen schnurren.
- Schnurren ist ein Zeichen von Zufriedenheit, aber Katzen schnurren auch, wenn sie leiden.

Bist du freundlich?

Manche Katzen genießen menschliche Gesellschaft sehr, und diese Katze gehört zu ihnen. Sie wartet in einem Tierheim auf ein neues Zuhause und ist sich über die Absichten der Besucher nicht im Klaren und versucht sie einzuschätzen. Mit angehobener Vorderpfote und halb aufgerichtetem Schwanz nähert sie sich vorsichtig. Bei den Menschen angelangt, wird sie ihren Kopf an ihnen reiben und um deren Beine streichen, um schnell Freundschaft zu schließen.

Ich brauche dich nicht

Manche Katzen sind für kurze Zeit gesellig, verbringen aber die meiste Zeit des Tages mit ihren eigenen Angelegenheiten. Besitzer, die sich einen „Schmusekater" gewünscht haben, werden sicherlich enttäuscht sein. Es sei denn, sie erkennen die unabhängige Persönlichkeit ihrer Katze an und ändern ihre Erwartungen.
Manche Katzen halten sich aus Misstrauen von Menschen fern, weil sie als Welpen schlechte Erfahrnungen gemacht haben. Sie sind ängstlich und werden normalerweise durch liebevolle und sanfte Behandlung zugänglicher.

Katzen und andere Tiere

Da die meisten Wildkatzen (außer Löwen) Einzelgänger sind, haben sie wenig Strategien, um mit anderen Tieren zu kommunizieren. Das gilt auch für unsere Hauskatzen. Ob sie fremde Artgenossen oder andere Tiere in ihrem Heim akzeptieren, hängt davon ab, wie gut sie während ihrer Welpenzeit sozialisiert wurden und wie viele positive Begegnungen sie mit dieser Tierart hatten. Es spielt auch eine Rolle, wie behutsam sie an den Neuankömmling gewöhnt werden, ob eine Fluchtmöglichkeit besteht und ob sie genug Zeit haben, Vertrauen aufzubauen, bevor es zu engerem Kontakt kommt.

Ich fang' dich

Diese Katzen sind zusammen aufgewachsen und spielen gern miteinander. Ihr Spiel imitiert einen Kampf. Beide wissen jedoch, dass es nicht ernst ist. Die Krallen sind nicht ausgefahren und die Bisse werden nur angedeutet. Manchmal springen sie aufeinander zu und kratzen mit den Hinterbeinen, um den anderen zum Aufgeben zu bewegen. Diese Spielkämpfe halten ihre Freundschaft aufrecht und lassen sie wissen, wie es um die Kräfte und Fähigkeiten des anderen steht.

Geh weg!

Die weiß-gefleckte Katze spielt nicht. Sie versucht, die rote Katze zu vertreiben – mit Erfolg! Ihre Geste ist bedrohlich genug und die rote Katze verzichtet auf Gegenwehr. Die beiden Katzen gehören zum selben Haushalt und kennen sich gut, es besteht also kein Grund für echte Aggression. Die Krallen der weiß-gefleckten Katze sind daher eingezogen.

Hier ist's schön warm

Diese Katze ist mit dem freundlichen Hund aufgewachsen und vertraut ihm. Sie fühlt sich in seinem Körbchen wohl und kuschelt sich an ihn, weil sie weiß, dass es hier eine Extraportion Wärme gibt – an einem kühlen Tag eine großartige Sache. Dieses Vertrauen wäre bei einem neuen Hund, mit dem die Katze nicht aufgewachsen ist, schwer zu erreichen. Es kann aber mit der Zeit wachsen, wenn der Hund sehr freundlich zu ihr ist.

Kenne ich dich?

Eine Nase-zu-Nase-Begrüßung wie diese ist selten, da sich beide Katzen in eine verletzliche Lage bringen. Hier treffen sich jedoch Mutter und Tochter. Obwohl sie sich eine Weile nicht gesehen haben, erkennen sie sich wieder. Sich auf diese Weise zu beschnüffeln, hilft, das visuelle Erkennen zu bestätigen und mehr Informationen darüber zu bekommen, wie die andere Katze ist, wo sie war und was sie getan hat.

WUSSTEN SIE?

- Erwachsene Katzen akzeptieren eher einen Welpen als eine andere erwachsene Katze, die in ihren Haushalt einziehen soll.
- Neue Familienmitglieder wie andere Tiere, ein Baby oder ein neuer Partner, können Katzen stark verunsichern.
- Katzen, die die Sicherheit ihres Heims gefährdet sehen, zerkratzen oft strategisch wichtige Plätze oder setzen Urin ab, um sich sicherer zu fühlen.

Körper-Sprache

Abgesehen von Angriff, Verteidigung und Begrüßungen, sind die übrigen Signale äußerst subtil und nur schwer zu erkennen. Das ist das Erbe der als Einzelgänger lebenden Vorfahren, die außer zur Fortpflanzung und bei Kämpfen Sozialkontakte mieden.

Nichtsdestotrotz reagieren Katzen mit verschiedenen Körperhaltungen auf verschiedene Situationen. Wenn wir ihre Körpersprache beobachten, können wir feststellen, wie entspannt oder angespannt die Katzen sind und Schlüsse ziehen, was sie denken könnten.

Holt mich hier raus!

Dieser Kater ist verängstigt und verwirrt. Sein Schwanz ist der Sicherheit halber eingezogen und das Gewicht ist auf die Hinterbeine verlagert, um entweder mit den vorderen Krallen zuzuschlagen oder schnell wegzulaufen. Seine Ohren und Schnurrhaare sind angelegt, damit sie im Falle eines Kampfes außer Gefahr sind. Er sieht suchend nach oben, um einen höher gelegenen, sichereren Platz zu finden. In der Hoffnung, dass sein Besitzer ihn rettet, miaut er laut.

Ich fühle mich sicher

Im Gegensatz zum schwarzen Kater ist dieser hier völlig entspannt. Er liegt gemütlich auf der Seite und streckt die Hinterbeine aus. Seine Vorderpfoten sind bequem eingeschlagen. Die Vorderpfoten sind mit ihren Krallen wichtige Waffen. Die eingeschlagenen Pfoten weisen darauf hin, dass der Kater sich sicher fühlt. Sein Gesicht ist entspannt, aber irgend etwas hat sein Interesse geweckt. Daher sind die Augen und Ohren darauf gerichtet.

Möchte mich denn keiner streicheln?

Diese Katze ist absolut entspannt und fühlt sich sogar in Anwesenheit des Hundes sicher genug, um so verletzbar dazuliegen. Diese Pose mit den ausgestreckten Pfoten ist für die meisten Besitzer unwiderstehlich: Sie können nicht widerstehen, die Katze zu streicheln. Diese Katze lebt mit mehreren anderen Katzen zusammen. Obwohl ihre Besitzer liebevoll mit ihr umgehen, muss sie sich besonders anstrengen, um Aufmerksamkeit zu bekommen. Sich in einer so niedlichen Pose auf den Tisch, mitten ins Blickfeld, zu legen, hatte bisher immer Erfolg!

Das Katzenrevier

Die Vorfahren unserer Katzen jagten nicht in Gruppen, sondern lebten als Einzelgänger in einem Revier, in dem sie genug Futter fanden, um zu überleben. Obwohl unsere Hauskatzen gut gefüttert werden und nicht mehr jagen müssten, haben sie ein instinktives Bedürfnis, ihr Revier abzugrenzen. Für sie bedeutet das Revier Sicherheit und eine Futterquelle, sollten ihre Menschen einmal bei der Nahrungsversorgung versagen. Auch wenn es uns schwer fällt, es zu akzeptieren: Für Katzen ist das Territorium oft wichtiger als die Familie, mit der sie zusammenleben.

Hier lebe ich!

Wenn eine Katze von gefangener Beute leben muss, ist ein großes Jagdgebiet notwendig. Unsere Hauskatzen können es sich erlauben, ihr Revier zu teilen, da sie von uns alles bekommen, was sie benötigen. Trotzdem prüfen Katzen, die nach draußen dürfen, ihr Revier und kontrollieren regelmäßig, wer vorbeigekommen ist und welche Beute zur Verfügung steht. Dieser Kater überprüft die Lage und hält nach Eindringlingen Ausschau. Er hat ein großes Revier, das er sehr genau kennt.

Bleib auf Distanz!

In unseren überbevölkerten städtischen Siedlungen müssen Katzen die Anwesenheit anderer häufiger tolerieren, als es bei wildlebenden der Fall ist. Sie meiden einander wo immer sie können und machen abwechselnd von den vorhandenen Ressourcen Gebrauch. Wären sie Hunde, würden wir erwarten, dass sie aufeinander zugehen, um sich kennen zu lernen und um eventuell ein Rudel zu bilden. Katzen bleiben lieber auf Distanz.

Mein Revier

Die regelmäßige Kontrolle des Territoriums ist wichtig und von einem erhöhten Punkt aus leichter. Katzen kommen mit Veränderungen in ihrem Revier nicht gut zurecht und haben große Probleme, sich an ein neues Zuhause zu gewöhnen. Es gibt viele Geschichten von Katzen, die nach einem Umzug wieder zu ihrem alten Haus zurückgekehrt und nicht bei ihrer Familie geblieben sind, vor allem wenn die Entfernung nicht sehr groß war.

WUSSTEN SIE?

- Katzen haben eine Art „Landkarte" in ihren Köpfen. Sie können sich jeden Winkel ihres Reviers merken.
- Es dauert lang, um ein Territorium gut kennen zu lernen. Deshalb sind Katzen die ersten 6 Monate in einer neuen Umgebung so unruhig.

Was ist los?

Ein Baum wie dieser stellt einen guten Beobachtungsposten für Katzen dar, da sie mühelos auf ihn klettern können.
Diese Katze fixiert intensiv etwas in ihrem Garten. Es könnte eine andere Katze oder ein Vogel zum Jagen sein. Es ist für Katzen wichtig, genau zu wissen, was in ihrem Territorium los ist, damit sie es erfolgreich verteidigen, darin jagen oder sich dort ungestört ausruhen können.

Geruchssinn

Der Geruchssinn ist für Katzen sehr wichtig. Verglichen mit uns ist ihre Fähigkeit, Gerüche wahrzunehmen, unwahrscheinlich groß. Wir können die Vielfältigkeit und Intensität der Informationen, die sie aus den Gerüchen erhalten, nicht einmal erahnen. Durch die begrenzten Fähigkeiten der Katzen, über Körpersprache zu kommunizieren, können Annäherungen an andere Katzen oder unbekannte Tiere gefährlich sein. Daher ist es sinnvoll, die Distanz zu wahren und auf Entfernung zu kommunizieren. Düfte sind sehr gut geeignet, da die Nachrichten eine Weile erhalten bleiben und andere Katzen über die Anwesenheit informieren. Sie dienen also als unsichtbare Botschaften.

Wer war hier?

Wahrscheinlich hat eine andere Katze oder ein anderes Tier beim Vorbeigehen eine Duftmarke auf diesem Baumstumpf hinterlassen. Die Katze schnüffelt ausgiebig, um alle subtilen Aromen wahrzunehmen. Es ist wichtig, dass dies nahe an der Quelle geschieht, damit sämtliche Informationen wahrgenommen werden können, ehe sich Teile des Duftes verflüchtigen.

WUSSTEN SIE?

- Forscher haben eine chemische Substanz aus den Backendrüsen isoliert, die allen Katzen gemeinsam ist. Dieser Stoff wird nun synthetisch hergestellt und im Handel verkauft. Er hilft Katzen dabei, sich in einer neuen oder veränderten Umgebung wohler zu fühlen.

Hier ist mein Duft

Die eigene Duftnote auf den Besitzer zu übertragen, ist ebenso wichtig, wie sie auf Gegenständen zu hinterlassen. Dieser Kater reibt seinen Kopf, die Flanken und den Schwanz an den Beinen seiner Besitzerin, um die Gerüche zu vermischen. Er zeigt ihr damit, dass er sie als Teil seiner sozialen Gruppe anerkennt und gewinnt an Sicherheit, wenn mehrere Individuen den gemeinsamen Duft tragen.

Ich markier' das mal

Dieser Kater reibt seine Wange an einem hervorstehenden Ast, der gerade die richtige Höhe hat. Er hinterlässt somit Geruchsstoffe für andere Katzen, die aus den Duftdrüsen seiner Wangen stammen. Bevor er den Ast markiert, schnüffelt er sorgfältig daran, um herauszufinden, ob seine alte Duftnote noch da ist oder ob sie von einer fremden Katze, die sein Territorium durchquert hat, überdeckt wurde.

Duftnachrichten

Katzen hinterlassen ihre Duftmarken aus mehreren Gründen: Sie zeigen anderen Katzen damit, in wessen Territorium sie sich aufhalten, es gibt ihnen Sicherheit und sie vermeiden eine unliebsame Begegnung mit einer anderen Katze in einem stark frequentierten Territorium. Es gibt nicht nur unterschiedliche Gründe sondern auch verschiedene Möglichkeiten, um zu markieren. Neben den Duftdrüsen am Kopf gibt es auch welche zwischen den Zehen, die beim Kratzen zum Einsatz kommen. Oder sie verspritzen Urin. In besonderen Fällen können sehr selbstbewusste Katzen auch Kot an exponierten Plätzen hinterlassen.

Das ist mein Revier

Dieser Kater markiert ein auffälliges Objekt im Garten. Er hat sich mit erhobenem Schwanz hingestellt. Während er den Urin verspritzt, zittert sein Schwanz und er trippelt mit den Hinterbeinen. Er sieht konzentriert aus und legt die Ohren leicht an. Im Vergleich zu den Mengen, die eine Katze gewöhnlich bei ihrem Geschäft absetzt, wird nur ein klein wenig Urin versprüht. Die hinterlassene Duftnote wird genau in Nasenhöhe anderer Katzen platziert, so dass sie leicht zu „lesen" ist. Sie kann auch Komponenten von den Duftdrüsen unterhalb des Schwanzes enthalten.

WUSSTEN SIE?

- Unsichere Katzen, die befürchten, dass ihr Territorium gefährdet sei, können Urinmarken an strategisch günstigen Plätzen setzen. Sie fühlen sich sicherer, wenn ihr Territorium nach ihnen riecht. Schade nur, wenn es das Wohnzimmer ist.
- Manchmal markieren Katzen auch im Haus, wenn provozierende Gerüche durch Schuhe oder Taschen hereingetragen wurden.
- Wir wissen oft nichts über ihre Gründe und strafen die Katze dafür, im Haus „unrein" zu sein, was ihre Unsicherheit nur noch verstärkt.

Schau und riech!

Katzen haben Duftdrüsen zwischen ihren Zehen, die durch rhythmisches Kratzen auf einer passenden Oberfläche aktiviert werden. Katzen kratzen zwar auch, um ihre Krallen zu schärfen, doch gleichzeitig hinterlassen sie Nachrichten für andere Katzen. In einem Mehrkatzenhaushalt kann das Kratzen auch als optisches Signal dienen. Viel genutzte Stellen sind oft schon stark beschädigt.
Kratzstellen werden häufig von anderen Katzen im Territorium untersucht. Auf den ersten Blick scheint die Katze auf dem Bild gerade kratzen zu wollen. Wenn Sie genau hinsehen, werden Sie den Grashalm entdecken, den sie erwischen möchte.

Wer hat damit gespielt?

Wenn ein Gegenstand ungefährlich ist und weitere Erkundungen erfordert, wird die Nase eingesetzt, um mehr herauszufinden. Diese Katze hat ein Spielzeug gefunden, das von anderen Katzen verwendet wurde. Sie beschnuppert es, um herauszufinden, wer sich vor ihr damit beschäftigt hat. Während sie sich darauf konzentriert, sind ihre anderen Sinne auf die Umgebung gerichtet, um frühzeitig herannahende Gefahren wahrzunehmen.

Was Duftmarken aussagen

Katzen informieren andere nicht nur über ihre Anwesenheit, indem sie Duftmarken hinterlassen, sondern sammeln auch vielfältige Informationen über andere Katzen, indem sie die Gerüche aufnehmen. Obwohl wir nicht genau wissen, was sie „herausriechen", ist es doch wahrscheinlich, dass sie die jeweilige Katze identifizieren können, die die Duftmarke hinterlassen hat. Bei Urinmarken vermutet man, dass die Katze Alter, Geschlecht, Gesundheitszustand und das zuletzt Gefressene durch den Duft erfahren kann.

Ich bin's

Für die Katze ist das Sofa eines der ersten Dinge, denen Sie beim Betreten des Raumes begegnen. Daher ist es zu einem beliebten Platz geworden, um Duftnoten und Kratzmarkierungen zu hinterlassen. Dieser Kater beschließt jedoch nach ausgiebigem Schnüffeln, sein Kinn und Gesicht daran zu reiben. Damit hinterlässt er seine Markierung an einem auffälligen Platz im Zentrum des Reviers und vermischt zugleich seinen Geruch mit dem der anderen an diesem Ort lebenden Katzen.

Er war hier

Eine andere Katze desselben Haushalts schnüffelt am hinterlassenen Duft. Nachdem sie ihn gründlich untersucht hat, fügt sie ihren eigenen hinzu. Sie weiß, wer die Nachricht hinterlassen hat und sie verträgt sich mit der anderen Katze. Wäre das nicht so, wäre etwas Stärkeres wie Kratzen oder mit Harn markieren angebracht, um die andere Duftmarke zu überdecken.

Das ist mein Duft

Durch das Schnüffeln an dem Sessel stellt dieser Kater fest, dass er der Einzige ist, der hier vor einiger Zeit eine Duftmarke hinterlassen hat. Sein eigener Geruch ist ihm vertraut und gibt ihm Sicherheit. Doch bevor sich der Duft ganz verflüchtigt, sollte er aufgefrischt werden!

Kleine Auffrischung

Duft besteht aus chemischen Stoffen, die sich allmählich verflüchtigen. Der Geruch der restlichen Komponenten bringt die Katze dazu, die Markierung zu erneuern. So signalisiert sie anderen Katzen durch die Markierungen spezieller Plätze ihre ständige Anwesenheit.

WUSSTEN SIE?

- Die Riechschleimhaut in der Nase der Katzen ist zehnmal so groß wie die der Menschen. Sie haben auch einen entsprechend größeren Gehirnbereich, um die so gewonnenen Informationen zu verarbeiten.
- Katzen verbringen sehr viel Zeit damit, Geruchsmarkierungen von anderen Katzen zu lokalisieren und sie durch Schnüffeln aufzunehmen, weil sie viele Informationen daraus gewinnen können.

Andere Katzen im Revier

Für Katzen, die nicht leicht miteinander Freundschaft schließen, kann es schwierig sein, das Territorium mit anderen, nicht im Haushalt lebenden Katzen zu teilen. Katzen gehen möglichen Konflikten aus dem Weg, indem sie ihr Territorium abwechselnd benutzen. Sie hinterlassen Duftmarken, um ihre Anwesenheit und somit die momentane Besetzung des Reviers zu signalisieren. Da sich chemische Botschaften allmählich verflüchtigen, kann ein „Leser" feststellen, wieviel Zeit vergangen ist, seit die andere Katze vorbeigekommen ist. Auf Grund dessen entscheidet sie dann, ob sie weiter gehen, lieber ein Weilchen warten oder aber eine andere Richtung einschlagen soll.

Das ist mein Platz!

Revierstreitigkeiten zwischen zwei Katzen sind in überbevölkerten Gegenden, wo die Gärten klein sind und die Anzahl der Katzen groß ist, häufig. Unter solchen Bedingungen sind Begegnungen von Angesicht zu Angesicht unvermeidbar. Katzen reagieren in dieser Situation normalerweise mit langsamen Bewegungen, Anstarren und Grollen, bis eine von beiden aufgibt und weggeht. Nach einigen Begegnungen wissen die beiden ganz genau, welche von ihnen die stärkere und damit diejenige ist, die bleiben darf.

WUSSTEN SIE?

- Eine weibliche Katze kann durch das Schnüffeln am Urin eines Katers feststellen, ob er ein geeigneter Fortpflanzungspartner ist. Sie riecht die Stoffwechselprodukte seiner Nahrung und weiß dadurch, wieviel frisches Fleisch er gefressen hat, also ob er ein guter Jäger ist. Ein guter Jäger ist ein guter Vater für die Welpen.

Komm nicht näher!

Diese beiden Katzen haben eine Patt-Situation erreicht, denn keine will aufgeben. Der stehende Kater ist vermutlich in einer stärkeren Position. Er könnte der dominante Kater des Reviers sein, was ihm zusätzlich Kraft und Siegeswillen verleiht. Katzen können solche Positionen über Stunden beibehalten, bis eine beschließt, aufzugeben. In diesem Fall muss der Rückzug sehr langsam vor sich gehen, um keine Attacke zu provozieren.

Hier ging sie also vorbei

Äste und andere exponierte Plätze im Territorium werden in Kopfhöhe markiert, damit andere Katzen daran schnüffeln können. Diese Katze hat einen Geruch auf dem Ast entdeckt und hält inne, um zu schnüffeln. Das Schnüffeln ist wichtig, denn dadurch kann sich die Katze ein Bild davon machen, wer wann wohin geht.

Wohnungskatze oder Freigänger?

Autounfälle, Hundebisse, Kämpfe mit anderen Katzen, Attacken von Katzenhassern und Diebe sind die Gefahren, die außerhalb der sicheren vier Wände auf unsere Katze lauern. Trotzdem erlauben viele Besitzer ihren Katzen den Weg ins Freie, damit sie ihre natürlichen Instinkte ausleben können. Die Möglichkeit zu jagen, zu erkunden und sich frei bewegen zu können, ist zweifelsohne gut für sie. Besitzer müssen diese Vorteile sorgfältig gegen die Gefahren abwägen, die der Freigang mit sich bringt.

Spaziergang unter Aufsicht

Diese Katze ist aus gesundheitlichen Gründen kein Freigänger, aber ihre Besitzerin versucht, es ihr so schön wie möglich zu machen und geht mit ihr spazieren. Katzen lernen das Brustgeschirr zu tolerieren. Mit Stress und Lärm werden sie allerdings nicht gut fertig. Die Reaktionen darauf sind entweder die Flucht zu ergreifen, sich zu verstecken oder nach oben zu klettern. Leine und Geschirr verhindern dies, was Panik und beträchtlichen Stress erzeugen kann.

Ist er da draußen?

Manche Katzen trauen sich nicht hinaus, wenn sie vor einer anderen Katze oder anderen Dingen in der Umgebung Angst haben. Diese Katze kontrolliert erst, ob die Luft außerhalb der Katzenklappe rein ist, bevor sie sich vom Haus entfernt. Es erfordert Mut, um nach einer Attacke wieder nach draußen zu gehen. Die Begleitung des Besitzers bei den ersten Ausflügen kann ihr schon sehr helfen.

Mir ist langweilig

Katzen, die ständig im Haus leben, brauchen zahlreiche Beschäftigungsmöglichkeiten, da sie sonst lethargisch werden. Spielzeug oder Kratzbäume zum Klettern helfen dabei, Katzen die so dringend nötige Bewegung und Beschäftigung zu geben. Ihnen kontinuierlich Neues anzubieten, zum Beispiel neues Spielzeug und neue Objekte, die sie erforschen können, hält sie interessiert und aufgeweckt. Eine Katze im Haus zu halten, ist nicht einfach und verlangt vom Besitzer einiges an Extra-Anstrengungen, um sie zu beschäftigen und zufrieden zu stellen.

WUSSTEN SIE?

- Wenn eine Katze nicht mehr aus dem Haus geht, kann es daran liegen, dass sie draußen von einer anderen Katze tyrannisiert wird. Dies kann zu Verhaltensstörungen führen. Eine Lösung wäre, die Katzen in der Nachbarschaft zu unterschiedlichen Zeiten ins Freie zu lassen.

Ich wäre jetzt gern draußen

Katzen, die einmal Freigang hatten, ertragen es kaum, eingesperrt zu sein. Sie sehen sehnsüchtig aus dem Fenster und klappern beim Anblick eines Vogels mit den Zähnen, als wären sie frustriert oder würden eine Jagdsequenz durchleben. Katzen, die ihr ganzes Leben im Haus verbracht haben, wissen nicht, was ihnen entgeht, finden die Außenwelt aber instinktiv faszinierend und anregend.

Erkundungen

Für Katzen ist es wichtig, das Territorium ganz genau zu kennen und zu wissen, wo die besten Jagdplätze sind, um viele Beutetiere zu fangen. Sie erforschen alles genauestens, überprüfen jedes Detail in der Umgebung und entdecken dadurch viel Neues. Zahlreiche Kontrollen sind für Katzen wichtig, damit sie überprüfen können, ob in ihrer Welt alles in Ordnung ist. Wenn wir die Hausür für sie öffnen, kommt das ihrem Bedürfnis, kurz zu kontrollieren, ob auch wirklich alles in Ordnung ist, sehr entgegen. Besitzer verstehen dieses Verhalten oft nicht und finden es nervtötend, wenn ihre Katze sich nicht entscheiden kann und in der offenen Tür stehen bleibt, oder gleich wieder ins Haus möchte, kaum dass sie hinausgelassen wurde.

Ich kann's ertasten

Barthaare sind beim Erkunden der Umgebung eine große Hilfe. Diese langen dicken Haare rund um das Maul haben eine Menge Rezeptoren an ihren Wurzeln, die es der Katze ermöglichen, herauszufinden, wie groß eine Öffnung ist, ihren Weg zu ertasten, wenn es dunkel ist und Luftströme wahrzunehmen, die ihre Barthaare zum Schwingen bringen.
Über den Augen haben Katzen Tasthaare, die den Barthaaren sehr ähnlich und genauso sensibel sind.

WUSSTEN SIE?

- Katzen erforschen neue Gebiete sehr intensiv und haben einen detaillierten Plan davon im Kopf. Damit sind sie in der Lage, neue Wege nach Hause zu finden, auch wenn sie diese Strecke zuvor nicht kannten.

Wer bist du?

Es ist wichtig, zu wissen, wer sich ebenfalls im Revier aufhält. Diese Katze beobachtet den Fotografen, während sie in geduckter Haltung an einem Zweig nach den Gerüchen anderer Katzen schnüffelt. Neugierde hilft Katzen dabei, sich ein genaues Bild ihrer Umgebung zu machen. Es ist für eine Katze lebenswichtig, zu wissen, wer ihre Rivalen und Herausforderer sind und ob Futterreserven zur Neige gehen. Obwohl dafür in ihrem versorgten, zivilisierten Leben keine Notwendigkeit mehr besteht, haben Katzen das instinktive Bedürfnis, sich so zu verhalten.

Ich passe da durch

Katzen können sich durch erstaunlich kleine Spalten quetschen. Diese Katze scheint in der Tür eingeklemmt zu sein, passt aber tatsächlich gerade noch durch die kleine Öffnung hindurch. Die Barthaare werden benötigt, um festzustellen, ob ein Loch groß genug zum Durchschlüpfen ist. Denn passt der Kopf hindurch, ist der Rest kein Problem.

Katzen sind neugierig

Das Sprichwort „Neugier ist für Katzen tödlich“ scheint auf den ersten Blick wahr zu sein. Durch ihre Erkundungsgänge können sie in gefährliche Situationen geraten. Oft genug hört man von Katzen, die versehentlich in Schuppen oder Waschmaschinen eingesperrt wurden. Für wilde Katzen gilt jedoch das Gegenteil: Durch ihre Neugierde wissen sie, wo es etwas zu jagen gibt. Dies kann ihnen in Zeiten schlechter Futterversorgung das Leben retten. Obwohl unseren Hauskatzen genügend Futter zur Verfügung steht, ist ihr Drang, mehr über ihre Welt herauszufinden, ungebrochen stark.

Alles in Ordnung

Dieser Kater hat eine neue Leiter in seinem Territorium entdeckt, die er jetzt als Aussichtspunkt auf seinen Garten benutzt. Katzen zeigen großes Interesse an neuen Gegenständen. Diese werden ganz genau untersucht, ob sie auch wirklich ungefährlich sind oder vielleicht sogar als guter Ruheplatz beziehungsweise für die Jagd, als Ausguck, Versteck oder sonst irgendwie nützlich sein könnten.

WUSSTEN SIE?

- Katzen sind dafür bekannt, viele Kilometer zurückzulegen, um zu ihren alten Revieren zu kommen, wenn ihre Besitzer den Wohnort gewechselt haben.
- Allerdings haben Katzen auch schon große Distanzen überwunden, um zu ihren Besitzern zu gelangen, wenn sie zurückgelassen wurden. Keiner weiß, wie sie wissen konnten, wohin sie laufen mussten.

Ich seh' mal nach, was da drinnen ist

Dieser Katzenbaum hat eine kleine Öffnung, genau in der richtigen Größe, um Katzen zum Erforschen anzuregen. Wäre sie größer, könnte die Katze hineinsehen und hätte kein Interesse, hineinzuschlüpfen.

Ich geh' rein

Die Katze kann nicht widerstehen und zwängt sich in die kleine Höhle.

Hier war ich schon mal

Diese Katze hat diesen Platz schon viele Male inspiziert und nie etwas gefunden. Sie hofft immer noch, dass sie eines Tages doch noch etwas Interessantes findet.

Fitness und Jagen

Das Auffinden und Erlegen von Beute gehört zu den Grundinstinkten der Katzen. Sie müssen nicht einmal hungrig sein, allerdings wird eine hungrige Katze öfter jagen. Folgerichtig verspüren auch unsere Hauskatzen diesen Jagddrang, obwohl sie mit Futter versorgt werden. Sie können ihre Instinkte nicht unterdrücken. Für viele Besitzer gehört das Jagen und Töten jedoch zu den Eigenschaften, die sie nicht so sehr schätzen. Obwohl alle Katzen diesen Jagdinstinkt verspüren, ist er bei manchen Katzen mehr, bei anderen weniger stark ausgeprägt. Auch wenn wir ihnen Ersatz für lebende Beute in Form von Spielzeug anbieten, ist es unmöglich, sie von der Jagd abzuhalten. Es sei denn, sie werden ausschließlich im Haus gehalten.

Ich fang' dich gleich

Dieser Kater pirscht sich an ein Spielzeug an und ist bereit loszuspringen. Er hat sich geduckt und verharrt bewegungslos, voll auf die Beute konzentriert. Wäre er auf richtiger Jagd, wäre diese Strategie nicht besonders erfolgreich, da er von der Beute gesehen würde, lange bevor er sich nah genug herangepirscht hat.

WUSSTEN SIE?

- Katzen bevorzugen es, in der Dämmerung zu jagen, wenn kleine Tiere aktiv sind.
- Die Katzenaugen sind besonders gut an dämmriges Licht angepasst, so dass sie bei Dämmerung besser sehen und erfolgreicher jagen können.
- Katzen jagen lieber kleine Säugetiere als Vögel. Um sie zu fangen, können sie sehr geduldig neben den von ihnen genutzten Wegen und Passagen warten.
- Tagsüber kann es sein, dass Katzen nur auf Vögel treffen. Um sie zu erwischen, verstecken sie sich im Unterholz und warten darauf, dass ein Vogel landet.

Ich bin bereit

Katzen lauern gern im Unterholz, um ahnungslose Kleintiere oder Vögel, die am Boden gelandet sind, anzuspringen. Der Korb bietet dieser Katze ein brauchbares Versteck. Zum Absprung bereit, verharrt sie völlig bewegungslos, alle Sinne auf die Beute gerichtet. Sie konzentriert sich auf den richtigen Absprungsmoment und wartet, bis das Spielzeug nahe genug ist, um es leicht zu fangen.

Gleich hab' ich dich!

Katzen sind nicht die besten Läufer und „überfallen" ihre Opfer eher von einem Versteck aus, als dass sie sie lang verfolgen. Das Spielzeug ist noch immer ein Stück entfernt, aber die Katze kann nicht mehr widerstehen, zum Jagdsprung anzusetzen, wobei ihre Vorderbeine den Boden vor den Hinterbeinen berühren.

Zu schnell für mich!

Mit ruhig gehaltenem Kopf, um weiter alle Sinne auf das Spielzeug zu konzentrieren, pirscht sie vorwärts, um es mit ihren Pfoten zu erlegen. Wäre es eine lebende Beute anstelle eines Spielzeugs, wäre diese schon längst entwischt. Die Katze müsste lernen abzuwarten, bis das Opfer näher herankommt.

Springen und pföteln

Der erste Schlag gegen die Beute erfolgt immer mit den Pfoten. Anschließend folgt erst der Tötungsbiss, wenn das Opfer betäubt und nicht mehr in der Lage ist, zu kämpfen und Verletzungen zu verursachen. Beim Sprung kann das Gewicht genutzt werden, um das Opfer mit den Vorderpfoten zu betäuben. Ist die Beute bewusstlos, werden Pfoten und Krallen eingesetzt, um sie festzuhalten und für den tödlichen Biss zu fixieren. Bei Vögeln, die der Katze im Vergleich zu Kleintieren seltener zum Opfer fallen, wendet die Katze die gleiche Strategie an. Hat sie den Vogel gegriffen, konzentriert sie all ihre Anstrengungen darauf, ihn mit ihren Pfoten am Davonflattern zu hindern.

Ich komme

Hier sieht man eine athletische Katze bei einem spektakulären Sprung. Bei der Jagd ist das Gehör ebenso wichtig wie das Sehen. Katzen lokalisieren kleine Nager durch das Fiepen und Rascheln, wenn sie sich zwischen den Pflanzen bewegen. Hat die Katze den Ursprung der Geräusche akustisch genau geortet, springt sie hoch und landet so präzise auf der Beute, dass sie diese mit den Vorderpfoten betäuben kann.

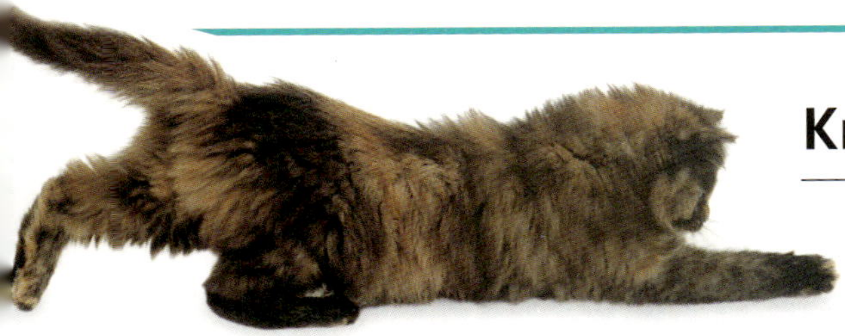

Knapp verpasst

Katzenwelpen trainieren das Jagen, indem sie versuchen, alles zu fangen, was sich bewegt. Dieser Welpe hat gerade den Ball verpasst, der an ihm vorbeirollte. Er wird lernen, seine Energie gezielt für Aktionen einzusetzen, die Erfolg versprechender sind.

WUSSTEN SIE?

- Die scharfen Krallen ermöglichen es, die Beute festzuhalten.
- Katzen können in Panik geraten, wenn sie sich mit ihren Krallen in Kleidung verfangen haben und sich nicht mehr befreien können.

Ich krieg' dich doch!

Voll aufgerichtet kann diese Katze die Pfoten soweit ausstrecken, um einen auffliegenden Vogel zu fangen. Ihre Sinne sind auf die Beute gerichtet und sie hebt die Pfote, die dem Vogel näher ist. Vielleicht reicht das nicht, aber sie verlässt sich auf ihre Schnelligkeit.

Ich fang' dich

Dieses Kätzchen übt sich an einem Spielzeug, das ihr Besitzer mit einer Schnur vor ihr umherflattern und -springen lässt. Die besten Spielzeuge imitieren echte Beute. Katzenkinder reagieren instinktiv auf Spielzeug, dessen Größe ungefähr der Größe eines Beutetiers entspricht. Das Kätzchen hat eine Vorderpfote erhoben, um das Spielzeug mit einem schnellen Schlag zu Boden zu bringen, es dann zu fangen und zu fixieren.

Beute fangen

Bei größeren Beutetieren kann es notwendig sein, sie nach dem ersten Fang wiederholt freizulassen und erneut zu fangen, um sie zu schwächen. Ein geschwächtes Beutetier wird sich weniger wehren, so dass die Katze ihren Tötungsbiss gefahrlos setzen kann. Dabei wird die Beute mit den Pfoten festgehalten. Der Biss wird sehr präzise gesetzt: Ein Zahn dringt zwischen die Halswirbel des Opfers und tötet dieses auf der Stelle. Die Barthaare und die übrigen Tasthaare rund um das Maul und an den Lippen helfen, den tödlichen Biss ganz gezielt zu setzen.

Katzen sind hochpräzise Jäger in wunderschönem Design und – so unappetitlich es für manchen Besitzer auch sein mag – sie sind zum Töten von Beutetieren geboren. Es wäre unfair von uns, sie für ihr angeborenes Verhalten zu bestrafen.

WUSSTEN SIE?

- Katzen scheinen oft mit ihrer Beute zu spielen. Sie verletzen sie, lassen sie dann laufen, fangen sie wieder usw.
- Dieses „Spielen" geschieht manchmal bei jungen Katzen, denen es an Erfahrung fehlt.
- Es wird aber auch eingesetzt, um die Beute zu schwächen. Denn wenn die Beute sich noch heftig wehrt, läuft die Katze Gefahr, beim tödlichen Biss verletzt zu werden.

Was ist das?

Vorsicht ist angebracht, wenn nicht sicher ist, ob das potenzielle Opfer zurückschlagen wird oder nicht. Diese Katze ist eine gute Jägerin, aber der Anblick des neuen Spielzeugs verunsichert sie. Sie wurde von dessen Bewegungen angelockt. Jetzt nähert sie sich vorsichtig, bereit, schnell zu fliehen, falls etwas nicht stimmt. Sie berührt es mit der Pfote, um zu sehen, ob es sich bewegt und um einschätzen zu können, was es macht.

Mit allen Pfoten festgehalten

Die Katze hat ihre „Beute“ gefangen und hält sie nun mit Vorderpfoten und Maul fest. Zudem kratzt sie auch noch mit den Hinterpfoten. Dies ist nur ein Spiel, denn eine Katze würde ihre Beute niemals so nah an ihren verletzlichen Bauch lassen. Es ist eine gute Übung, um sich auf Kämpfe unter Artgenossen vorzubereiten. Obwohl die Krallen der Hinterpfoten meist stumpfer sind als die der vorderen, können sie einem Kontrahenten beträchtliche Verletzungen am Bauch zufügen, da die Muskeln der Hinterbeine sehr stark sind.

Jetzt gehörst du mir!

Dieser Kater spielt entspannt. Er ist im Freien ein guter Jäger, der genau weiß, wie eine Beute zu töten ist. Wäre er dabei, eine Beute für den tödlichen Biss zu positionieren, würde er sich auf sie legen, um sie zu Boden zu drücken.

Beweglichkeit

Katzen haben die erstaunliche Fähigkeit, auf hoch gelegene Flächen zu springen, auf dünnen Kanten zu balancieren und sich in der Luft zu drehen, wenn sie irgendwo hinunterfallen. Bei wildlebenden Katzen sind diese Fähigkeiten wichtig, um genügend Nahrung beschaffen zu können und sicher zu leben. Speziell dafür ist ihr Körper ausgestattet. Verbindungen zwischen Körper und Gehirn informieren die Katze ständig darüber, was ihr Körper gerade tut. Reflexe laufen ohne Befehl vom Gehirn ab. Die Reaktionsgeschwindigkeit der Katze ist dadurch erhöht. Sie reagiert also schneller, als sie denken kann.

Hinauf

Katzen haben sehr kräftige Muskeln an den Hinterbeinen. Sie können aus dem Stand auf erhöhte Flächen springen, sofern sie fit sind. Dies ermöglicht ihnen zum einen eine schnelle Flucht bei Gefahr und zum anderen den Zugang zu Territorien, die ihnen andernfalls wegen hoher Hindernisse versperrt blieben. Durch Sensoren im Gesicht und an den Pfoten können sie Distanzen präzise abschätzen, und ihr feiner Gleichgewichtssinn lässt sie genau dort landen, wo sie hin wollen.

WUSSTEN SIE?

- Eine gesunde, fitte Katze kann die 5-fache Höhe ihrer eigenen Größe springen.
- Katzen haben spezielle Wirbel, die eine größere Beweglichkeit erlauben, als Tiere mit einer steiferen Wirbelsäule.

Wo ist der Vogel?

Katzen sind immer an kleinen Lebewesen interessiert, selbst wenn diese völlig außer Reichweite sind. Diese Katze würde liebend gern Vögel fangen und folgt ihnen durch das Territorium. Sie wartet auf die richtige Gelegenheit, um einen zu erwischen. Vor allem während der Brutzeit werden Katzen von Vögeln angegriffen. Obwohl sie gut „bewaffnet“ sind, riskieren sie es nicht, verletzt zu werden und bringen sich bei solchen Angriffen schnell in Sicherheit.

Hinunter

Diese Katze hat nicht viel Platz für Manöver und kann deshalb nicht auf allen Vieren landen. Katzen haben sehr sensible Pfoten. Sensoren verraten, wann sie die Tischoberfläche erreicht hat.

Fehlgeleiteter Jagdtrieb

Manche Katzen haben einen ausgeprägten Jagdinstinkt als andere. Werden sie nur im Haus gehalten und haben keine Möglichkeit zu jagen, lenken sie ihre Aufmerksamkeit auf andere Dinge. Erwachsene, Kinder oder andere Heimtiere werden dann zur Zielscheibe ihrer „Attacken". Jagden und Bisse sind manchmal nur gestellt – in diesem Fall sind die Bisse unterdrückt. Oft ist es aber echtes Jagdverhalten; und da dieses auf Fangen und Töten ausgerichtet ist, kann das Opfer beachtlichen Schaden nehmen. Man löst das Problem, indem man der Katze die Möglichkeit gibt, draußen zu jagen oder indem man ihr geeignetes Spielzeug zur Verfügung stellt. Wie tief das Jagdverhalten bei Katzen verankert ist, lässt sich daran erkennen, dass sie ihre Familienmitglieder attackieren, zu denen sie eigentlich sehr freundlich sind.

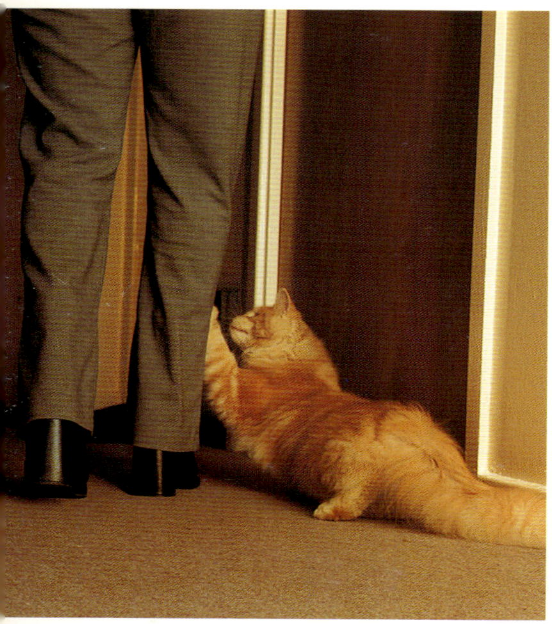

Überraschung!

Dieser Kater hat darauf gewartet, dass seine Besitzerin den Raum betritt, um sie anzuspringen. Glücklicherweise hat er genug Jagdmöglichkeiten und darf auch hinaus. Seine Attacken haben eher den Charakter eines Spiels als den eines richtigen Angriffs, denn seine Bisse sind unterdrückt und die Krallen bleiben eingezogen.

WUSSTEN SIE?

- Manche Katzen haben einen stärkeren räuberischen Instinkt und mehr Bedürfnis zu jagen als andere.
- Begierige Jäger mit Spielzeug und nachgestellten Jagden zu unterhalten, kann sie davon abhalten, draußen zu jagen. Gelangen sie allerdings vor die Haustür, hat die Jagd oberste Priorität.

Den werd' ich fangen!

Katzen spielen, um ihre jagdlichen Fähigkeiten zu trainieren, da das Fangen von Beutetieren ihr späteres Überleben sichern kann. Der Schwanz des Hundes stellt ein tolles Jagdobjekt dar, das manchmal wie eine echte Beute am Boden zappelt. Hätte dieses Kätzchen einen sehr starken Jagdinstinkt und keine Möglichkeit, ihn auszuleben, würde es seine Aufmerksamkeit sicher auf alternative Objekte wie diesen lenken.

Ich hab's erwischt

Diese Katze hat einen ausgepägten Jagdinstinkt und ist leicht für ein Spiel zu begeistern. Indem man ihr mehrmals am Tag ermöglicht, ihre Energien durch die „Spielzeug-Jagd" abzubauen, vermindert man ihre Neigung, nach draußen zu gehen und andere Tiere zu jagen. Je besser man eine echte Beute imitiert, desto besser gefällt es der Katze und umso zufriedener wird sie nach dem Spiel sein.

Beute nach Hause bringen

Katzen bringen ihre Beute in Sicherheit und fressen sie an einem ruhigen Ort. Was sie jagen, fressen sie gewöhnlich auf einmal auf. Manchmal fangen sie jedoch mehr als sie fressen können. Der Überschuss wird für eine spätere Mahlzeit nach Hause gebracht. Meistens lassen sie ihre Beute achtlos vor der Haustür liegen oder sie bringen sie zu ihren Besitzern. Wenn Katzen Junge haben, tragen sie die Beutetiere nach Hause, um die Kätzchen zu füttern. Es gibt Debatten darüber, ob Katzen ihre Besitzer als große Welpen ansehen, die es zu füttern gilt, oder ob sie den Überschuss nur für sich nach Hause tragen. Letzteres ist wahrscheinlicher, da sie ihre Beute meist nicht direkt zu uns bringen, sondern irgendwo als Vorrat für später liegen lassen.

WUSSTEN SIE?

- Manche Katzen fressen Wolle, Plastik usw., also Materialien, die als Futter ungeeignet sind.
- Diese Neigung kommt bei manchen Rassen häufiger vor. Möglicherweise steckt ein Bedürfnis dahinter, kräftig zu kauen und zu beißen, da unsere Hauskatzen meistens mit Futter versorgt werden, das weich und leicht zu schlucken ist.

Das ist lecker

Der letzte Teil der Jagdsequenz besteht daraus, die Beute zu verspeisen – für eine hungrige Katze ganz normal. Da wir unsere Hauskatzen mit allem versorgen, was sie brauchen, stellt Selbsterlegtes einen Überschuss dar. Nicht aufgefressene Beute wird nach Hause gebracht, wo die Katze entweder noch damit spielt, wenn sie zu wenig Möglichkeiten hatte, die Jagdsequenz voll auszuleben, oder sie einfach irgendwo liegen lässt.

Das schmeckt

Besitzer freuen sich meistens nicht über die jagdlichen Trophäen ihrer Katze. Manche bestrafen sie sogar dafür, wenn sie die Beute nach Hause bringen. Das verwirrt die Katze jedoch nur: Sie wird dieses Verhalten, das so tief verwurzelt ist, nicht ablegen können. Manchmal hat es den Anschein, dass Katzen ihren Besitzern gezielt Beute bringen. Vermutlich ist es aber nur ein zufälliges Zusammentreffen von Rückkehr und Begrüßung.

Was hast du da?

Dieser Kater spielt mit den Resten eines Vogels, während sein Hausgenosse, der durch die Bewegungen aufmerksam geworden ist, interessiert zusieht. Katzen bringen ihr Futter nicht nach Hause, um andere zu füttern – mit Ausnahme von Kätzinnen, die Junge haben. Sie verteidigen ihr Futter nicht, es sei denn, sie sind sehr hungrig. Da wildlebende Katzen nur so viel fangen, wie sie zum Überleben brauchen, haben sie in der Regel keinen Überschuss, im Gegensatz zu unseren Hauskatzen.

Fütterung

Katzen lernen von klein an, dass Menschen eine gute Futterquelle darstellen. Sie fressen gern kleine Mengen über den Tag verteilt, da freilebende Katzen eher mehrere kleine Tiere als ein großes fangen. Da die meisten Besitzer nur ein bis zwei Mal am Tag füttern, ist es nicht überraschend, dass Katzen öfter um Futter bitten. Reagiert der Besitzer auf ihr Betteln, lernen sie schnell, welches Verhalten am ehesten zum Erfolg führt: Sie zeigen es, wann immer sie fressen möchten. Viele Besitzer finden das Bettelverhalten niedlich und füttern ihre Katze gern, dennoch ist es besser, den ganzen Tag über Trockenfutter stehen zu lassen, sodass die Katze jederzeit fressen kann, wann immer sie möchte. Aktive Katzen, die ins Freie dürfen, regulieren ihre Futteraufnahme selbst, indem sie Mäuse jagen, und überfressen sich kaum.

Gib mir Futter!

Hungrige Katzen, die um Futter betteln, streichen mit erhobenem Schwanz um unsere Beine, reiben ihren Kopf und ihren Körper an uns. Dieses Verhalten wird während der Welpenzeit als Begrüßung eingesetzt. Katzen haben gelernt, es Menschen gegenüber zum Futter erbetteln zu nutzen. Hat sie Erfolg, indem sie gefüttert wird, wird sie in ihrem Verhalten bestärkt. Wenn sie das nächste Mal hungrig ist, wird sie sich wieder so verhalten. Manche Besitzer verwechseln die Begrüßung mit dem Verhalten des Futter bettelns, was zu Überfütterung führen kann.

WUSSTEN SIE?

- Katzen sind Gelegenheitsfresser. Es ist nicht ungewöhnlich für sie – vorausgesetzt sie sind gesellig – mehrere von Menschen bereitgestellte Futterplätze in der Nachbarschaft aufzusuchen.

Ich komm rauf

Katzen lernen schnell, wenn man genug Geduld und ein paar Belohnungen in der Tasche hat. Dieser Kater darf normalerweise nicht auf die Arbeitsfläche, hat aber gelernt, dass er zur Fütterung hinaufspringen darf, wenn seine Besitzerin mit der Hand auf die Oberfläche klopft. In dem Moment zögert er keine Sekunde. Er ist jung, agil und springt mühelos.

Gib schon her!

Hungrig hat er die Pfote ausgestreckt, um den Napf heranzuziehen. Sein Schwanz ist freundlich erhoben, seine Aufmerksamkeit gilt eher dem Futter als seiner Besitzerin. Manche Besitzer möchten nicht, dass ihre Katzen auf Arbeitsflächen springen. Sie sind aber nur schwer davon abzuhalten, da sie schnell lernen, dass dort immer etwas Fressbares zu finden ist.

Ich bin so hungrig!

Der Kater wartet nicht, bis der Napf hingestellt wird, sondern beginnt schon vorher zu fressen. Ab und zu etwas Trockenfutter hilft, die Zähne sauber zu halten. Außerdem muss er es gründlich kauen, wie es auch bei erjagter Beute der Fall ist.

Keine Spuren hinterlassen

Wenn Katzen keine Duftmarken setzen möchten, vergraben sie ihre Ausscheidungsprodukte so, dass sie nicht bemerkt werden. Dazu graben sie ein Loch, das anschließend wieder zugescharrt wird – so bleibt das Gebiet sauber und sie hinterlassen keine Spuren. Dieses Verhalten ist angeboren und sie fangen an, ihre Ausscheidungen zu vergraben, sobald sie in der Lage sind, das Lager zu verlassen. Sie bevorzugen feines, sauberes, trockenes Substrat, in dem sie leicht graben können. Frische Erde und feiner Sand eignen sich nach Katzenmeinung ganz besonders, sehr zum Leidwesen von Hobbygärtnern und Kindern, die ihren Garten oder Sandkasten weniger gern mit Katzen teilen.

Ein guter Platz

Katzen verstecken sich gern, wenn sie ihr Geschäft verrichten und suchen nach einem Platz, wo sie geschützt sind. Nachdem sie ein Loch gebuddelt haben, hocken sie sich mit einem seltsam konzentrierten Gesichtsausdruck hin. Bei Wohnungskatzen kann es daher vorkommen, dass sie sich hinters Sofa kauern, anstatt ihre Toilette zu benutzen, wenn diese an einem offenen, unruhigen Platz steht.

Ich deck's schnell ab

Ist sie fertig, wird Erde über das Loch gescharrt, um ihre Ausscheidungen zu verstecken. Anschließend schnüffelt die Katze daran, als wollte sie festzustellen, ob ihr Geruch nun vermindert bzw. nicht mehr zu entdecken ist. Sie schüttelt ihre Pfoten, um die restliche Erde loszuwerden. Danach geht die Katze normalerweise weg und sucht sich einen Ort, um sich ausgiebig zu putzen.

WUSSTEN SIE?

▸ Wenn man ein Katzenklo mit erhöhten Seitenwänden aufstellt, verhindert man, dass Katzenstreu hinausfällt, wenn die Katze ihr Geschäft vergräbt.

Markieren

Dieser Kater markiert den Busch mit einer kleinen Menge Urin (siehe Seite 26). Die Menge des verspritzten Urins ist so gering, dass er später noch ein Loch graben wird, um seine Blase zu entleeren. Er hat denselben konzentrierten Gesichtsausdruck, doch seine Körperhaltung ist anders, da er den Urin so hoch wie möglich anbringen möchte.

Das mag ich nicht

Katzen sind heikel und möchten ihr Futter nicht neben der Toilette fressen. Besitzer stellen Futter und Kistchen häufig nebeneinander auf, was für eine reinliche Katze ein echtes Dilemma werden kann. Manche Katzen nehmen es hin, andere verwenden dann andere Stellen im Haus als Toilette. Katzen bevorzugen außerdem saubere, trockene Einstreu. Besitzer sollten darauf achten und die Toilette ständig sauber halten. Außerdem sollte man stets eine zweite aufstellen, um Ausweichmöglichkeiten zu schaffen, falls eine verschmutzt ist.

Fellpflege

Katzen verbringen viel Zeit mit der Körperpflege, denn durch das Putzen werden Schmutz, Verfilzungen, lose Haare und Parasiten entfernt. Zudem dient es der Wärmeregulierung der Katze, da ein sauberes Fell besser vor Kälte schützt. Und im Sommer kühlt der beim Putzen verteilte Speichel. Die Zunge hat eine raue Oberfläche mit nach hinten gerichteten Häkchen, die wie ein Kamm wirken. Lose Haare werden geschluckt und später als Haarballen erbrochen, da sie nicht verdaut werden können. Gegenseitige Pflege unter Katzen hat auch eine soziale Funktion, denn die unterlegenen Tiere pflegen die dominanten. Bei ängstlichen oder gelangweilten Katzen kann das Putzen zwanghaft werden: Sie lecken sich bis kahle Stellen entstehen.

WUSSTEN SIE?

▸ Katzen haben im Vergleich zu anderen Tieren nur ein schmales Schlüsselbein, dafür aber mehr Muskulatur. Auch sind ihre Schultern nicht starr, was ihnen eine außergewöhnlich hohe Beweglichkeit bei der Körperpflege und bei der Jagd ermöglicht.

Fast fertig

Katzen sind erstaunlich beweglich und können mit ihrer Zunge nahezu jede Stelle ihres Körpers erreichen – mit Ausnahme des Gesichts und des Hinterkopfs. Diese Katze hat das Hinterbein erhoben, um sich dort zu putzen. Diese Position ermöglicht auch die Genitalregion zu reinigen. Ältere, unbeweglichere Katzen brauchen oft Hilfe bei der Pflege des Genicks und der Hinterbeine, da diese Stellen am schwersten zu erreichen sind.

Und jetzt das Gesicht

Katzen putzen den Hinterkopf und das Gesicht, indem sie die Rücken ihrer Vorderpfoten ablecken und sie wie einen Waschlappen benutzen. Das wiederholen sie so oft, bis sie wirklich sauber sind. Bei heißem Wetter verteilen Katzen dünnflüssigen Speichel auf ihrem Fell, der dort verdunstet und so für Abkühlung sorgt.

Mich juckt's

Katzen können sich mit den Hinterbeinen fast überall kratzen. Haben sie Flöhe, reißen sie sich wegen des Juckreizes oft ganze Haarbüschel hinter den Ohren aus. Diese Katze kratzt sich an der Ohrinnenseite und an der Seite des Kopfs. Vielleicht hat sie Ohrmilben.

Das ist schwierig

Langhaarige Katzen brauchen Hilfe, um ihr Fell in gepflegtem Zustand zu halten. Langes, dickes Haar, vor allem die weiche, flauschige Variante wie bei Perserkatzen, wurde vom Menschen gezüchtet. Solche Katzen brauchen Hilfe, da sie ihr Fell nicht richtig glätten und säubern können. Diese Katze versucht gerade, ihr Fell zu säubern, hat aber Probleme, die langen Haare am Rücken zu bändigen.

Pfoten und Krallen

Katzen sind mit rasiermesserscharfen Krallen ausgestattet, die sichelförmig gebogen sind, so dass sie die Beute gut festhalten können. Sie sind normalerweise eingezogen, damit sie scharf bleiben und beim Laufen nicht abgenutzt werden. Wenn jedoch Beute zu überwältigen ist, werden sie aus den Hauttaschen ausgefahren. Krallen wachsen kontinuierlich nach, so dass die Katze die abgenutzte äußere Hornschicht regelmäßig durch Kratzen entfernen muss. Um die Krallen zu wetzen und Duftspuren zu setzen, werden strategisch wichtige Plätze mit rauer Oberfläche zerkratzt (siehe Seite 27).

Ich muss meine Krallen schärfen

Dieser Kratzbaum ist viel zu klein, um von der Katze richtig genutzt zu werden. Katzen bevorzugen es, sich beim Kratzen zu ihrer vollen Höhe aufzurichten, damit sie ihr Gewicht beim Krallenwetzen einsetzen können.

WUSSTEN SIE?

- Katzenbabys werden mit ausgefahrenen Krallen geboren. Die Muskeln, um sie in die Hautfalte zu ziehen, entwickeln sich später.
- Katzenpfoten sind sehr sensibel. Sie sind mit vielen Berührungsrezeptoren ausgestattet.
- Manche Katzen verhalten sich vor Erdbeben seltsam. Möglicherweise nehmen sie bereits erste Vibrationen über ihre sensiblen Pfoten wahr.

Hier lässt's sich kratzen

Ein gut fixierter Ast wie dieser ist ein idealer Kratzbaum. Hier können die jungen Kätzchen ihre Krallen schärfen. Wenn sie später ins Freie dürfen, haben sie gelernt, Bäume zum Krallenschärfen zu benutzen.

Dieser Ast ist groß genug, so dass die Kätzchen sich zu ihrer vollen Größe aufrichten, und ihr Gewicht nutzen können, um ihre Krallen kräftig zu wetzen. Dieses Katzenkind scheint aber eher zu spielen, als seine Krallen zu schärfen. Denn Katzen verlagern ihr Gewicht auf die Hinterbeine, damit sie besser kratzen können.

Das ist ein guter Platz

Im Garten kratzen Katzen an Bäumen oder Holz. Ähnliche Oberflächen tun es auch. Im Haus sind Möbel leider die bevorzugten Objekte. An diesem Sofa haben schon andere Katzen ihre Kratzspuren hinterlassen, es riecht also auch nach ihnen. Diese junge Katze hat ihr Krallenwetzen unterbrochen, um sorgfältig zu schnuppern und zu erfahren, wer schon hier war. Das Sofa ist ein exponierter Ort im Raum und daher ein guter Platz, um Duftmarken zu hinterlassen.

Schlafen

Katzen verschlafen einen relativ großen Teil ihres Lebens. Im Gegensatz zu Pflanzenfressern, die die meiste Zeit des Tages fressen, verbringen Raubtiere nur wenig Zeit mit der Nahrungsaufnahme und können es sich leisten, einen Großteil des Tages herumzuliegen und zu schlafen. Das gleiche gilt für unsere Hauskatzen, die zu den Raubtieren gehören. Sie bevorzugen warme, gemütliche Schlafplätze und kennen jeden brauchbaren Ort in ihrem Revier. Die meiste Zeit über dösen sie. Wenn sie entspannt genug sind, um in tiefen Schlaf zu fallen, produzieren sie dieselben Hirnstrom-Muster wie wir, wenn wir träumen. In diesen Momenten bewegen sie ihre Pfoten, so dass es aussieht, als ob sie rennen oder springen würden. Die Annahme, dass sie – wie wir – von ihren Tagesaktivitäten träumen, ist also durchaus naheliegend.

Ich mag Autos

Katzen werden häufig von der Motorwärme angezogen. Sehr zum Ärger der Autobesitzer die sich nicht über die Pfotenabdrücke freuen, die die Katzen auf dem Lack hinterlassen. Kleine Kätzchen klettern manchmal in den Motorraum, um ein Nickerchen an einem warmen Ort zu machen und werden dabei womöglich verletzt.

Oh, wie schön!

Menschen bieten Wärme und Gemütlichkeit: Ihr Schoß ist ein idealer Platz für ein Nickerchen. Manchmal scheinen sie zu vergessen, wo sie sind und fühlen sich von den streichelnden Händen „attackiert". Die meisten Katzen merken schnell, dass es ihr Besitzer ist, der sie da streichelt. Manche aber kratzen oder beißen, sehr zum Entsetzen des Menschen.

Ein guter Platz für ein Nickerchen

Das Sofa eignet sich gut für ein Schläfchen, vorausgesetzt es sind keine lärmenden Menschen in der Nähe, die sich womöglich noch auf einen setzen. Dieser Kater fühlt sich wohl und schließt schläfrig die Augen. Seine Ohren sind jedoch wachsam aufgestellt, um jedes Geräusch, das Gefahr signalisieren könnte, wahrzunehmen.

WUSSTEN SIE?

- Die Vorgänger unserer Hauskatzen waren ursprünglich Wüstentiere.
- Daher können sie auch gemütlich auf Flächen liegen, die wir schon als unangenehm heiß empfinden.

Hier ist's schön warm

Katzen wissen ganz genau, wo sie ein warmes Plätzchen an kühlen Tagen finden. Diese Katze hat herausgefunden, dass der Heißwasserboiler immer warm ist, und wurde zu ihrem Lieblingsplatz ernannt. Ihr ist inzwischen so warm, dass sie sich ausstreckt, um sich ein wenig zu kühlen. Der Fotograf hat sie gestört, aber das beunruhigt sie nicht und wird gleich wieder weiterschlafen, wenn er fort ist.

Sicher leben

Sicherheit gehört zu den obersten Prioritäten in der Wildnis. Denn niemand rettet einen, wenn man verletzt ist. Unsere Hauskatzen haben immer noch ein sehr hohes Sicherheitsbedürfnis. Wird eine Katze bedroht, hat sie vier Möglichkeiten, um auf die Bedrohung zu reagieren: mit Kampf, Flucht, regungslosem Verharren oder indem sie sich auf einen erhöhten Platz zurückzieht. Sie kann sehr rasch zwischen den Möglichkeiten wechseln, je nachdem, wie stark sie bedroht wird und wie erfolgreich ihre derzeit gewählte Strategie ist. Während gefährlicher Auseinandersetzungen muss sie ständig abwägen, ob ihr jetziges Verhalten geeignet ist, um erfolgreich mit der Bedrohung fertig zu werden, ohne die eigene Sicherheit zu gefährden.

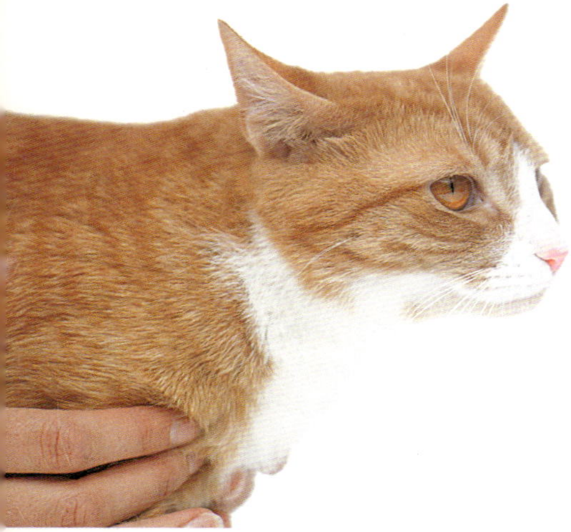

Was geht hier vor?

Beobachtet man den Gesichtsausdruck einer Katze, kann man viel darüber erfahren, wie sie sich gerade fühlt.
Furcht und Verwirrung steht in diesem Gesicht geschrieben. Die Ohren sind leicht angelegt und nach hinten gedreht, um zu hören, was dort los ist. Sie wird von jemandem festgehalten und hat keine Kontrolle darüber, was mit ihr geschieht. Das verstärkt ihre Angst nur noch.

Oh, das macht mir Angst

Die Gesten von Katzenkindern sind nicht immer eindeutig. Dieses Kätzchen hat seine Ohren angelegt, die Augen weit aufgerissen, den Schwanz eingeklemmt, als wäre es in Gefahr. Zugleich zeigt es andere Signale – es pfötelt mit leicht erhobenem Hinterteil nach dem Ball, bereit, eine lustige Jagd zu beginnen.

WUSSTEN SIE?

▸ Schwanz, Augen, Ohren, Barthaare und Körperhaltung ermöglichen uns, herauszufinden, wie sich unsere Katzen fühlen. Jedes Zeichen für sich betrachtet, macht es möglich, eine große Bandbreite an Gefühlen zu entdecken, aber auch, um ein verwirrendes Gesamtbild zu entziffern.

Geh weg!

Der Kampf ist normalerweise die letzte Wahl, da das Risiko von einem mit Krallen und Zähnen bewaffneten Gegner verletzt zu werden, zu hoch ist. Diese beiden Katzen kennen einander gut und spielen nur, wie man an den eingezogenen Krallen erkennen kann. Die Schildpattkatze hat begonnen und zwingt die schwarz-weiße Katze, sich zu wehren und zurückzuschlagen. Ihre Ohren sind angelegt – und somit aus dem Gefahrenbereich gebracht. Die schwarz-weiße Katze hat sich halb auf den Rücken gedreht und kann ihre Pfoten besser einsetzen. Ihre Ohren sind halb nach hinten gedreht.

Ich bin unsicher

Dieser Kater hatte gerade eine unangenehme Begegnung mit einem Artgenossen. Sein Schwanz ist eingezogen und sein Fell ist gesträubt, um ihn größer wirken zu lassen. Es legt sich gerade wieder, doch am Rücken ist es noch nicht ganz glatt. Sein Hinterteil ist geduckt. Er hat sich vorne wieder aufgerichtet und sucht nach einem erhöhten Fluchtplatz.

Angst

Da Katzen Einzelgänger sind und kaum soziale Gruppen bilden, sind ihre Signale weniger ausgeprägt als bei Tieren, die im Rudel leben. Dennoch zeigen sie sichtbare Zeichen, vor allem wenn sie Angst haben. Wenn sie ängstlich sind und keine Verteidigungsmöglichkeit haben, machen sie sich so klein und wenig angreifbar wie möglich, indem sie sich schützend zusammenkauern und Ohren, Schwanz, Pfoten und Barthaare eng an den Körper legen.

Ich bin beunruhigt

Dieser Kater ist beunruhigt und duckt sich, um seine Angriffsfläche so klein wie möglich zu machen. Er hat den Schwanz für den Fall eines Angriffs eingezogen und Ohren und Barthaare angelegt. Er starrt in die Richtung des Aggressors. Zwar hat er seine Ohren leicht angelegt, gleichzeitig sind sie aber auch ein wenig gedreht, was zeigt, dass der Kater notfalls zur Selbstverteidigung bereit ist. Er sieht böse aus und die Katze, die dies verursacht hat, zieht sich hoffentlich zurück.

Alles in Ordnung

Es ist schon schwierig, die Körpersprache von Katzen zu lesen. Durch die flache Kopfform ist es bei Persern noch schwerer, den Ausdruck zu erkennen. Der Gesichtsausdruck wirkt immer gleich, egal ob sie verängstigt oder fröhlich ist! Ihre gespitzten Ohren und die eingeschlagenen Pfoten zeigen, dass sie entspannt ist und sich nicht bedroht fühlt. Da es für Perser unmöglich ist, die Schnurrhaare seitlich am Gesicht anzulegen, sind diese kein Indiz für ihren Gemütszustand.

Ich bin so entspannt

Diese Katze ist entspannt und glücklich. Man sieht den Unterschied zwischen einer gestressten und einer zufriedenen Katze deutlich: Sie liegt mit ausgestreckten Pfoten auf der Seite. Ihr Schwanz ist auch ausgestreckt und ihre Schnurrhaare zeigen nach vorne.
Katzen haben keine Schweißdrüsen und können nicht schwitzen, um sich abzukühlen. Ist es warm, strecken sie sich häufig.

Ich habe Angst

Dieser verängstigte Kater versucht sich klein zu machen, indem er sich auf den Tisch drückt. Sein Schwanz ist zum Schutz eingezogen und seine Ohren sind am Kopf angelegt. Die Augen sind groß, da seine Augenlider zurückgezogen sind, damit er so viel wie möglich von der Bedrohung sehen kann. Das helle Licht verengt zwar seine Pupillen, aber durch die Angst sind sie dennoch größer als normal. Der Kater ist Menschen gegenüber recht gesprächig und miaut auch jetzt, um eine Bestätigung zu erhalten, dass alles in Ordnung ist.

Hoch hinauf

Agile, athletische Katzen suchen Plätze, die weit oben liegen, auf, denn dorthin können potenzielle Angreifer nicht folgen. Katzen sind in der Lage, aus dem Stand ein Vielfaches ihrer Körpergröße zu springen. Auf diese Weise flüchten sie vor Menschen oder anderen Tieren, die dazu nicht in der Lage sind. Zum einen ist es leichter, die Übersicht zu wahren, zum anderen kann man den Feind vom erhöhten Fluchtplatz aus besser mit den Vorderpfoten abwehren. Die Flucht in die Höhe ist häufig das erste, was Katzen in Gefahrensituationen tun. Sie bleiben dort, bis sie gefahrlos herunterklettern können.

Hier bin ich sicher

Für Katzen bedeuten Mauern sichere Plätze vor Menschen und Hunden. Durch ihren ausgezeichneten Gleichgewichtssinn und ihre Beweglichkeit balancieren sie mit Leichtigkeit auf ihnen. Dieser Kater beobachtet von diesem sicheren Platz aus seine Umgebung. Das ermöglicht ihm, eine Entscheidung zu treffen, wohin er als nächstes gehen soll.

Hier kannst du mich nicht fangen

Dieser Kater beobachtet die Vorgänge in seiner Umgebung von einem Dach aus. Das Dach ist ein idealer Ausguck für Katzen, da höchstens andere Katzen zu ihnen gelangen können. Für scheue und nervöse Katzen bietet es einen sicheren Beobachtungsposten, den sie erst verlassen, wenn alle Gefahren vorüber sind und wieder Ruhe eingekehrt ist.

Wer bist du?

Treppen bieten eine weitere erhöhte Rückzugsmöglichkeit für scheue Katzen. Dieser Kater hat ein gutes Plätzchen gefunden, um die Besucher zu beobachten. Nähern sie sich, kann er ins Schlafzimmer flüchten. Bleiben sie, wo sie sind, kann er sie gründlich begutachten und abwägen, ob sie vertrauenswürdig genug sind, um hinunterzugehen.

WUSSTEN SIE?

- Sie können scheuen Katzen, die sich vor anderen Heimtieren oder kleinen Kindern fürchten, helfen, indem Sie ihnen erhöhte Flächen zur Verfügung stellen, die für Katzen leicht erreichbar sind.

Kann ich da hinauf?

Dieser Kater ist verängstigt, wie man am abgesenkten Hinterteil, seinem Schwanz sowie der starren Haltung sehen kann. Er hat seinen Kopf und die Schultern angehoben, um nach einem erhöhten Fluchtplatz Ausschau zu halten.

Bäume erklimmen

In freier Natur bieten Bäume eine ideale Fluchtmöglichkeit vor Angreifern, die nicht in der Lage sind zu klettern. Mit ihren scharfen, sichelförmigen Krallen können Katzen sehr gut klettern, wenn die Oberflächen rau sind. Für erfahrene Katzen ist es ein Kinderspiel den Baum zu erklimmen. Unerfahrene oder junge Katzen flüchten manchmal in Panik auf einen Baum und sitzen dort fest, weil sie nicht gelernt haben, wieder hinunterzuklettern. Sie brauchen Hilfe, da sie hinunterfallen könnten. Erfahrene Katzen bleiben einfach sitzen und warten, bis die Gefahr vorüber ist, bevor sie wieder hinunterklettern. Da sie häufig sehr lange damit warten, gehen viele Menschen davon aus, dass sie festsitzen. Naht dann das zu Hilfe gerufene Rettungsteam, klettern die meisten Katzen flink den Baum hinunter.

Was ist da los?

Bäume sind sichere Plätze und Katzen sind hervorragende Kletterer. Sie kommen mühelos den Stamm hinauf und balancieren über schmale Äste. Dieser Kater beobachtet die am Boden lauernde Gefahr von seiner Warte aus. Obwohl er sich nicht allzu weit oben befindet, ist er doch vor Kindern und Hunden, die sich im Garten befinden, geschützt und kann hier ungestört warten, bis sie wieder weg sind.

So gehts wieder runter!

Haben sie es einmal gelernt, ist das Hinunterklettern ebenso einfach wie das Hochklettern. Manche Katzen bewegen sich dabei mit dem Hinterteil voran, so wie es die Bären machen, andere laufen kopfüber, was viel eleganter aussieht und auch schneller ist, vorausgesetzt, sie beginnen damit nicht zu weit oben.

Balancieren ist nicht leicht

Dieser Ast ist schmal, daher hat sich die Katze geduckt und nutzt ihren Schwanz zum Balancieren. Im Augenblick ist sie sicher, aber sie hält ihre Augen auf für eventuelle Gefahren.

WUSSTEN SIE?

▸ Katzen, die hauptsächlich drinnen leben, haben nicht viele Möglichkeiten, das Klettern zu üben. Flüchten sie dann auf einen Baum, müssen sie oftmals gerettet werden.

Keiner erwischt mich

Sicher auf dem Baum angelangt, kann sich diese Katze voll ihrem Jagdvergnügen widmen, indem sie Vögeln nachstellt, oder auf Erkundungstour gehen. Sie nutzt ihren Schwanz als Balancestange, und ihre Krallen geben ihr einen sicheren Halt auf dem knorrigen Ast.

Verstecken und abwarten

Hauskatzen sind relativ klein, und oftmals ist es besser für sie, Problemen aus dem Weg zu gehen, auch wenn sie mit beachtlichen Waffen wie ihren Krallen und Zähnen ausgestattet sind. Es ist eine gute Strategie, sich bei Gefahr zu verstecken. Der Angreifer kann die Katze übersehen oder einen Angriff abbrechen, wenn sie sich in eine kleine, gut zu verteidigende Spalte zurückgezogen hat. Die Fellfarbe der Wildkatzen bietet eine gute Tarnung. Sie hilft nicht nur, sich lautlos und unbemerkt an Beute heranzupirschen, sondern dient auch dazu, für potenzielle Angreifer unsichtbar zu werden. Hauskatzen verstecken sich oft und verharren dort, wenn sie keine Möglichkeit haben, davonzulaufen oder in die Höhe zu flüchten. Diese Strategie wird von Katzen häufig genutzt, um Streitereien in einem Mehrkatzenhaushalt aus dem Weg zu gehen. Das kann gefährlich werden, wenn ihnen der Zugang zum Futter verwehrt und von den Besitzern nicht bemerkt wird.

Hier kannst du mich nicht sehen

Das Katzeniglu bietet diesem Kater Zuflucht, der scheu und durch die Menschen in seiner Umgebung verwirrt ist. Enge, dunkle Plätze sind bei Katzen, die sich verstecken möchten, sehr gefragt. Dieses Iglu bietet zwar nicht allzu viel Schutz, ist aber besser als gar nichts. Wenn er die Augen schließt und seinen Kopf einzieht, ist er nur schwer zu sehen, sieht er doch aus wie ein haariges Stück Stoff.

WUSSTEN SIE?

- Für Katzen gilt das Motto: „Seh ich dich nicht, siehst du mich nicht.“ Wenn sie keine Möglichkeit haben, sich völlig zurückzuziehen, schließen sie häufig die Augen und verharren ganz still.

Du kriegst mich nicht!

Katzen fühlen sich unter Autos sehr wohl, doch leider werden viele beim Wegfahren überfahren. Hier finden sie Zuflucht vor Hunden, die zu groß oder nicht beweglich genug sind, um ebenfalls darunterzukriechen, und vor Kindern, die die Jagd aufgeben, wenn die Katze außer Sicht ist. Der Zufluchtsort bietet die Möglichkeit, in alle Richtungen davonzulaufen, wenn es nötig sein sollte.

Ich werde es fangen

Diese Katze nutzt den Baumstumpf scheinbar für einen Hinterhalt. Sie hat sich in Jagdstellung gebracht, ihre Augen und Ohren sind auf irgendetwas konzentriert. Die nach vorn gerichteten Ohren und Schnurrhaare zeigen, dass sie nicht verunsichert ist. Die Pupillen ihrer Augen sind durch das helle Licht verengt.

Aggression

Katzen sind mit Krallen und Zähnen bewaffnet, die ernste Verletzungen verursachen können. Werden sie bedroht, können sie sich damit zur Wehr setzen, aber das ist normalerweise der letzte Ausweg, wenn alle anderen Strategien versagt haben. Sie müssen ihre Chancen gut abwägen, denn wenn dieser Versuch missglückt und ihr Gegner nicht aufgibt, verlieren sie den Kampf und riskieren, verletzt oder gar getötet zu werden. Daher probieren Katzen erst alle anderen Taktiken aus, um die Situation zu entschärfen, bevor sie Gewalt einsetzen. Diese Taktiken sind sehr unterschiedlich. Versagen sie, tritt die Gefahr zu plötzlich auf oder haben sie die Erfahrung gemacht, dass diese Strategien erfolglos sind, werden sie den Gegner angreifen.

Bleib mir fern!

Diese Katze möchte nicht in einen Kampf geraten und faucht laut, um die andere Katze zum Rückzug zu bewegen. Sie hat sich geduckt und den Schwanz eingezogen, falls das Fauchen nicht wirkt. Körper- und Kopfhaltung zeigen, dass sie nicht wirklich auf einen Kampf aus ist und hofft, dass ihr Gegner sich auf ihr Fauchen hin zurückzieht.

Mit mir ist nicht zu scherzen

Diese Katze ist wirklich sauer und versucht, sich so groß wie möglich zu machen, um ihren Gegner zum Rückzug zu bewegen. Sie hat die Haare aufgestellt und macht einen Buckel, damit sie größer wirkt. Damit dies zur Geltung kommt, dreht sie sich seitlich zum Gegner. Sie faucht laut und starrt ihn an.

WUSSTEN SIE?

- Aggressives Verhalten wird meist gezeigt, um Konflikte zu vermeiden anstatt sie zu forcieren. Die verschiedenen Körpersignale und Laute sollen die andere Katze einschüchtern und sie zum Rückzug bewegen.

Lass mich allein!

Der rote Kater ist von der Annäherung der anderen Katze nicht beeindruckt. Er hat seinen Kopf gedreht, um sie anzustarren, und die Ohren nach hinten gedreht. Die Ohren signalisieren, dass er bereit zu Aggression ist, falls er weiter bedrängt wird. Wie die andere Katze erkannt hat, ist der Rückzug eine kluge Entscheidung. Der rote Kater hat viel Selbstvertrauen und zeigt daher kein defensives Verhalten.

Komm nicht näher!

Da sich der Hund nicht nähert, kann der Kater auf die Bedrohung reagieren und eine plötzliche Attacke des Hundes durch langsame Bewegungen vermeiden. Der Kater hat einen Buckel gemacht, um größer zu wirken. Die Haare am Rücken beginnen sich aufzustellen und der Schwanz ist zur Sicherheit eingezogen. Im nächsten Moment wird er laut fauchen, falls der Hund noch näherkommt.

Kämpfe

Katzen gehen Kämpfen aus dem Weg, es sei denn, sie lassen sich gar nicht vermeiden (z.B. bei Streitigkeiten um ein Revier oder einen Sexualpartner). Katzenwelpen üben von klein an spielerische Scheinkämpfe. Da die meisten Hauskatzen kastriert sind, kommen Kämpfe zwischen Katern viel seltener vor als bei freilebenden Katzen. Unsere Hauskatzen haben also wenig Anlass, zu kämpfen, trainieren aber dennoch spielerisch ihre Fähigkeiten mit vertrauten Katzen und Menschen, um im Ernstfall vorbereitet zu sein.

WUSSTEN SIE?

- Echte Kämpfe sind selten und dauern nur kurze Zeit.
- Zähne und Krallen werden sehr effizient eingesetzt.
- Bei echten Kämpfen kommen oft ernste Verletzungen vor.
- Die schwächere Katze rollt sich auf den Rücken, um die Krallen aller vier Beine einzusetzen.

Ich krieg' dich!

Zwei ebenbürtige Rivalen richten sich auf und versuchen, den anderen aus dem Gleichgewicht zu bringen, um anschließend auf ihn zu springen. Auf den Hinterbeinen hüpfend versucht jeder, den anderen umzuwerfen. Gleichzeitig schlagen sie mit den Vorderpfoten zu und beißen in Hals- und Ohrengegend. Das graue Kätzchen ist zwar größer, aber das rote zeigt mehr Selbstvertrauen.

Erwischt!

Das helle Kätzchen hat gerade ausgeholt und das graue mit der Pfote am Rücken getroffen. Dieses springt vor Überraschung mit allen Vieren in die Luft. Diese unerwartete Reaktion soll den Angreifer überraschen, wodurch der Getroffene Zeit für die Flucht gewinnt.

Ich bin stärker als du

Diese Kätzchen üben den Nahkampf für das spätere Leben. Im Ernstfall wäre dieses Gerangel sehr gefährlich. Erwachsene Katzen würden sich höchstens mit den Köpfen so nahe kommen und verletzliche Körperteile schützen. Nahkämpfe dauern bei erwachsenen Katzen nicht lang, da es für jede Katze viel zu gefährlich ist, dem Gegner, der ja beißen oder seine scharfen Krallen einsetzen kann, so nahe zu sein.

Da hast du's!

Mit den Pfoten zu schlagen, ist viel sicherer als der direkte Nahkampf, besonders wenn der Körper, so wie hier, geschützt ist. Katzen rollen sich auf die Seite und verteilen mit den Vorderpfoten Hiebe, um den Angreifer abzuschrecken. Hilft das nicht, folgt der Nahkampf, bei dem beide Parteien so viel Schaden wie möglich anrichten wollen.

Katzenbegegnungen

Obwohl Katzen eine sehr subtile Körpersprache haben, ist es doch möglich, sie bei Begegnungen zu beobachten und aus ihrem Verhalten zu schließen, wie sie sich gerade fühlen. Katzen bevorzugen es, einander nicht zu nahe zu kommen. Aber manchmal ist es unvermeidbar: Beispielsweise, wenn zwei fremde Katzen im Freien über den Weg laufen oder plötzlich in einem Haushalt miteinander leben müssen. Beobachten wir diese Begegnung, erfahren wir eine Menge über die Charaktere der beiden und können Vorhersagen treffen, ob die beiden eventuell miteinander zurechtkommen können, oder ob ihre Persönlichkeiten überhaupt nicht vereinbar sind.

Wer bist du?

Die dunkle Katze ist zu nah an der roten und sucht nach Fluchtmöglichkeiten. Sie ist verunsichert, wie ihr eingezogener Schwanz zeigt, aber dennoch mutig genug, um sich vorsichtig anzunähern. Die rote Katze hat noch nicht auf ihre Anwesenheit reagiert.

Bleib weg!

Die rote Katze hat ihren Kopf gedreht und Blickkontakt aufgenommen. Die Ohren sind nach hinten gedreht und sie hat das Gewicht verlagert, damit sie leicht mit den Vorderpfoten zuschlagen kann. Die dunkle Katze ist nun plötzlich mit einer Katze konfrontiert, die sie nicht kennt. Das ist zu viel für sie und sie faucht laut zur Warnung.

Huch!

Die rote Katze scheint etwas irritiert und starrt die graue an, wobei sie die Ohren leicht aggressiv nach hinten dreht. Sie hat eine Pfote erhoben, um gegebenenfalls zuzuschlagen, falls die andere noch näher herankommt. Als die graue Katze realisiert, dass sie sich einer sehr selbstbewussten Katze nähert, legt sie ihre Schnurrhaare und Ohren an, zieht den Schwanz ein und wendet ihren Blick ab, um die rote Katze nicht weiter zu reizen. Sie hebt ihre Pfote, falls die andere angreift. Beide Katzen versuchen, mehr Distanz zwischen sich zu schaffen.

Ich guck' lieber weg

Die graue Katze versucht, einen Angriff zu vermeiden, indem sie ihren Kopf abwendet und damit ihren Rückzug signalisiert. Aus dem Augenwinkel beobachtet sie die rote Katze, um schnell zu reagieren, falls diese sie doch attackiert.

Paarung & Nachwuchs

Das Bedürfnis sich fortzupflanzen und die eigenen Gene an die nächste Generation weiterzugeben, ist bei unkastrierten Katzen stark. Greifen wir nicht ein, kann eine gesunde, gut versorgte Katze zwei bis drei Mal im Jahr Junge werfen. Um die Geburt unerwünschter Kätzchen zu vermeiden, werden viele Katzen und Kater kastriert. Durch die Kastration werden auch einige Verhaltensweisen, die mit dem Sexualverhalten zusammenhängen, unterdrückt. Kastrierte Kater verspritzen beispielsweise seltener Urin, raufen weniger mit anderen Katern und bleiben in der näheren Umgebung, da der Drang, paarungswillige Weibchen aufzuspüren, verschwindet.

Ich check das mal

Für tragende Katzen wie diese ist es besonders wichtig, das Revier genauestens zu kennen, um einen sicheren Platz für die Geburt und Aufzucht der Jungen und ein ergiebiges Jagdrevier zu finden. Hat die Katze das Gefühl, dass ihre Welpen an einem Ort nicht sicher sind, bringt sie sie in ein anderes Versteck. Es ist sinnvoll, diese Verstecke schon vorher auszuwählen, solange noch Zeit dafür ist.

WUSSTEN SIE?

- Die Größe des Reviers hängt vom Futterangebot ab. Die Katze muss genug Futter für sich und ihre Welpen finden.
- Das Gebiet eines Katers ist während der Paarungszeit bedeutend größer (bis zu drei Mal so groß), abhängig von der Anzahl der potenziell paarungswilligen Weibchen.

Hier werdet ihr alle satt

Ein Wurf Welpen benötigt viel Energie. Diese Katze ist entspannt und gut genährt.

Wild lebende Katzen verlassen ihre Jungen in den ersten Tagen nicht und müssen daher genug Fettreserven anlegen, um diese Zeit zu überstehen. Sie suchen ein Versteck aus, wo die Kätzchen leicht Futter finden, sobald sie das Nest verlassen.

Ich bin so schön

Rassekatzen wie diese wurden vom Menschen „kreiert", indem er die Kontrolle darüber, wer sich mit wem paart, übernommen hat. Das Ergebnis ist eine schön anzusehende Katze. Wenn Züchter jedoch nur auf Schönheit, nicht aber auf Gesundheit und Charaktereigenschaften züchten, können sich genetische Konstellationen einschleichen, die sich in Gesundheits- und Verhaltensproblemen niederschlagen.

Typisch Kater

Ein geschlechtsreifer Kater verbringt viel Zeit damit, seine Gene weiterzugeben. Um erfolgreich zu sein, muss er sein Territorium verteidigen, Machtkämpfe mit anderen Katern austragen und Weibchen umwerben. Das verbraucht viel Energie. Daher sind Kater oft dünn und von den vielen Kämpfen mit Schrammen und Kratzern übersät.

Der Geruchssinn ist ein wichtiges Instrument, um Tiere, die normalerweise Einzelgänger sind, zur Paarung zusammenzubringen, vor allem, wenn das Territorium groß ist. Der Geruch des Harns von Katern ist penetrant. Er soll andere Kater, die in sein Revier eindringen möchten, an seine Anwesenheit erinnern und das möglichst lange.

WUSSTEN SIE?

▸ Mit dem Jacobsonschen Organ am Gaumen können Katzen Gerüche „schmecken“. Dabei öffnen sie ihr Maul leicht und sehen aus, als würden sie eine Grimasse schneiden. Dieses so genannte Flehmen wird gezeigt, wenn es darum geht, den Reproduktionsstatus anderer Katzen herauszufinden.

Das ist mein Territorium

In der freien Wildbahn würden Kater wie dieser über ein großes Territorium verfügen. Rassekatzen werden meist im Haus gehalten, um sie vor Infektionen und Kämpfen mit anderen Katzen zu schützen. Obwohl sie die Freiheit nie kennen gelernt haben, werden doch viele ihrer Bedürfnisse ignoriert – es ist bestimmt tierfreundlicher, sie nach Beendigung ihrer Zuchttage zu kastrieren.

Sie war hier!

Kater verbringen viel Zeit damit, Duftmarken anderer Katzen zu untersuchen, um herauszufinden, wo sich Kontrahenten oder paarungswillige Weibchen aufhalten. Da Kater ihr Revier markieren, um andere Kater abzuschrecken, produzieren sie ab der Pubertät einen penetrant riechenden Harn. Damit markieren sie besonders exponierte Punkte im Revier. Der damit verbundene Gestank ist einer der Hauptgründe, warum Kater so häufig kastriert werden.

Ich werde dich kriegen!

Der unterlegene Kater hat sich auf den Rücken gedreht, um alle vier Beine zur Verteidigung zu nutzen und schlägt dem anderen ins Gesicht. Sein Territorium mit den daran lebenden Weibchen zu verteidigen, ist das Hauptanliegen von Katern. Daher sind sie häufig mit Kratzern und Bissen übersät. Die Vorstufe zum Kampf besteht zunächst aus viel Lärm und Imponiergehabe. Es kommt nicht zum Kampf, wenn einer der beiden aufgibt. Der eigentliche Kampf ist kurz und heftig, wobei jeder Kater versucht, dem anderen so viel Schaden wie möglich zuzufügen.

Paarungsverhalten

Kommt ein Weibchen in Hitze, werben sofort viele Kater lautstark um die Katze. Das Weibchen zieht viele Bewerber an, aber gewöhnlich ist ein Kater dabei, der versucht, die übrigen Bewerber fernzuhalten. Ist die Katze paarungsbereit, wird die Paarung bis zu zwanzig Mal am Tag wiederholt und das bis zu sechs Tage lang. Nur wirklich fitte, starke Kater stehen das durch. Manchmal gibt es Würfe, in denen die Kätzchen unterschiedliche Väter haben. Biologisch gesehen ist das eine sinnvolle Einrichtung, da so eine Vielzahl genetischer Merkmale weitergegeben wird, und die Wahrscheinlichkeit, dass zumindest einige Welpen aus dem Wurf überleben werden, steigt.

Ich bin freundlich

Diese freundliche Katze hat ihren Schwanz beim Anblick eines vertrauten Menschen gehoben und hofft auf ein paar Streiheleinheiten. Paarungswillige Katzen nehmen eine ähnliche Position ein, winkeln jedoch ihre Hinterbeine ab, um die Paarung zu erleichtern. Dazu schnurren sie und rollen sich häufig am Boden. Während der ersten Tage der Rolligkeit reiben Katzen häufiger mit dem Kopf an Gegenständen und setzen auch vermehrt Harn ab, um Männchen anzulocken.

WUSSTEN SIE?

- Die Tageslänge und die Verfügbarkeit von Futter bestimmen, wann eine Katze rollig wird.
- Wild lebende Katzen bekommen ihre Welpen im Frühling, wenn es genug Futter gibt.
- Sind sie nicht kastriert, können Hauskatzen durch gute Fütterung zwei bis drei Mal im Jahr Welpen bekommen.

Geh runter von mir!

Wenn sich das Männchen nach der Paarung zurückziehen will, verursachen Widerhaken an seinem Penis der Katze Schmerzen. Dieser scheinbare „Irrtum der Natur" ist jedoch nötig, um den Eisprung zu stimulieren. Dieses Weibchen dreht sich mit wütend angelegten Ohren fauchend und speiend zum Kater um. Er hat seine Augen für den Fall, dass sie ihn angreift und zuschlägt, geschlossen und wendet sich ab.

Ich geh' besser

Der Kater flüchtet so schnell er kann, falls sie mit ihren Vorderpfoten nach ihm schlägt. Ihre Reaktion verwirrt ihn, daher hält er sich alle Möglichkeiten für eine Reaktion offen, indem er zwar die Ohren aggressiv anlegt, den Schwanz aber zum freundlichen Gruß hebt. Das Weibchen wird sich gleich putzen und bald für das nächste Mal bereit sein.

Katzenkinder

Nach der Paarung hat der Kater nur noch die Funktion, das Revier, in dem seine Welpen leben, gegen andere Kater zu verteidigen, da diese die Welpen töten könnten. Kätzinnen gebären und ziehen ihre Jungen ohne Hilfe auf, geleitet von ihren Instinkten. Sie werden aber mit jedem Wurf geübter und erfahrener. In wildlebenden Kolonien helfen andere Katzen oft als Ammen und „Kindermädchen" aus, wenn die Kätzin einmal eine Verschnaufpause benötigt. Diese Zusammenarbeit garantiert größeren Schutz und eine höhere Überlebenschance für die kleinen Kätzchen.

Du bist's

Diese Katze hat ihr Junges einige Zeit nicht mehr gesehen, erkennt es aber sofort am Geruch. Von seiner Anwesenheit stimuliert, beginnt sie, es mit ihrer Zunge abzulecken. Das Ablecken fördert das Zusammengehörigkeitsgefühl zwischen Mutter und Kätzchen.

Ich leck' euch sauber

Sind die Welpen noch sehr klein, leckt die Mutter sie ab, um ihren Kot- und Harnabsatz zu stimulieren. Sie tut das nach jeder Mahlzeit, solange die Welpen nicht in der Lage sind, sich selbst für das Geschäft aus dem Lager zu entfernen, und schluckt dann die Stoffwechselprodukte hinunter, um das Lager sauber zu halten. Diese Welpen sind schon alt genug für den Toilettengang. Finden sie ein geeignetes Substrat wie weiche Erde vor, vergraben sie ihre Stoffwechselprodukte sogar schon selbst.

WUSSTEN SIE?

- Welpen erstarren, wenn sie an der Haut im Genick gepackt werden. Das hilft der Mutter sie zu tragen, wenn sie in ein neues Lager umziehen muss.
- Katzen wechseln das Lager, wenn sie sich nicht sicher fühlen oder es schmutzig wurde.

Ist genug für mich da?

Welpen sind die ersten fünf bis sechs Wochen von der Muttermilch abhängig, bis entweder die Kätzin beginnt, ihnen Beute zu bringen, oder sie von den Menschen gefüttert werden. In freier Wildbahn bringt die Kätzin ihren Jungen die ganze Beute, entweder tot oder leicht verletzt. Letzteres dient dazu, ihre jagdlichen Fähigkeiten zu trainieren, bevor sie selbst zur Jagd gehen.

Halt still!

Das Säubern der Welpen ist sehr wichtig, um zu vermeiden, dass sie möglichen Krankheiten bekommen. Bis das Kätzchen den komplizierten Vorgang selbst beherrscht, übernimmt die Mutter diese Aufgabe und wäscht ihm das Gesicht. Er fühlt sich dabei sichtlich wohl und hat die Ohren angelegt, damit sie nicht im Weg sind.

Katzen und Menschen

Die Geschichte von Menschen und Katzen erstreckt sich über viele Jahrhunderte und hat viele unterschiedliche Wandlungen gemacht. Katzen wurden verehrt, verschmäht, als Jäger gebraucht oder auf Ausstellungen vorgezeigt. Heutzutage werden die meisten Katzen als Gesellschaftstiere gehalten, obwohl sie noch viele Eigenschaften von selbstständigen Einzelgängern haben. Vielleicht ist es dieses wilde unabhängige Flair, das uns an unseren Katzen so fasziniert und sie zu einem der beliebtesten Heimtiere macht.

Hier bin ich glücklich

Katzen, die als Welpen gut mit Menschen sozialisiert und immer gut behandelt wurden, fühlen sich in der Rolle als Gesellschafter, ja sogar als Kindersatz für kinderlose Paare, wohl. Da die meisten die Beziehung zu Menschen genießen und Begrüßungen und Aufmerksamkeit erwidern, sind sie ideale Heimtiere. Vermutlich ist ihre Unabhängigkeit ein wesentlicher Erfolgsfaktor – sie gehen allein auf die Toilette und bewegen sich selbst – im Gegensatz zu Hunden, die anspruchsvoller sind, weil sie Gesellschaft brauchen und regelmäßig ausgeführt werden müssen.

Ist das für mich?

Die Katze grüßt mit erhobenem Schwanz, während sie sich dem Leckerchen nähert. Durch wiederholte positive Begegnungen wird sie schnell eine starke Bindung aufbauen. Das Kätzchen wird im Laufe der Zeit lernen, wem es trauen kann. Menschen, die Futter, Spiel und einen sicheren Platz bieten, werden bevorzugt.

WUSSTEN SIE?

▸ Selbst etwas schüchterne Katzen werden auftauen, wenn Sie sie beim Füttern vermehrt streicheln oder zwischendurch mit ihnen spielen. Mit etwas Geduld wird die Katze bald die Initiative ergreifen und zu Ihnen kommen.

Jetzt ist aber genug

Langhaarige Katzen brauchen viel Pflege. Diese wird allerdings gerade für eine Ausstellung vorbereitet, wobei zahlreiche zusätzliche Handgriffe nötig sind. Bei Wettbewerben müssen die Bedürfnisse der Katze oft hinter dem Siegeswunsch zurückstehen. An den Ausstellungstagen werden sie an fremde Plätze gebracht, von Fremden angefasst, intensiv gebürstet, mit Spray, der ihren eigenen Duft verändert, eingesprüht und in kleinen Käfigen gehalten. Werden sie von klein an daran gewöhnt, können Katzen dies tolerieren.

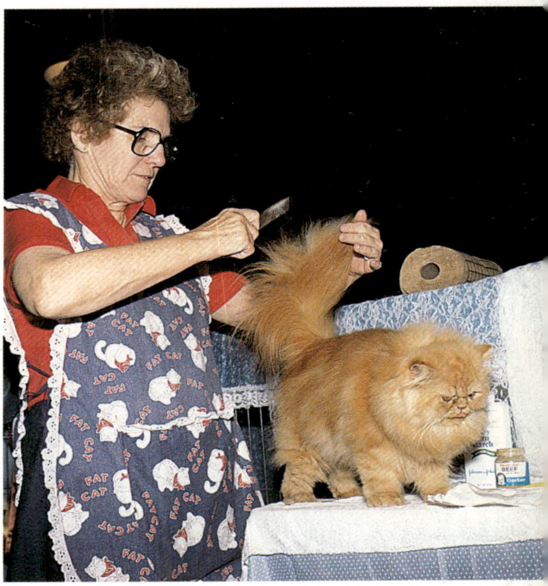

Das ist mir zu nah

Dieser Kater möchte nicht so nah bei jemanden sein, den er nicht kennt. Er reagiert nicht aggressiv, versucht jedoch Distanz zum Gesicht des Kindes zu bekommen, indem er sich abstützt. Möchte man mit einer Katze Freundschaft schließen, sollte man sie nicht gleich hochheben, sondern lieber in der Hocke warten, bis sie herkommt und sie am Boden streicheln.

Blickkontakt

Verglichen mit Menschen sind Katzen recht klein. Auch wenn sie mit Krallen und Zähnen bewaffnet sind, ist es doch klüger, sich vor Menschen in Acht zu nehmen – ausgenommen vor jenen, denen sie vertrauen. Für Katzen, die schlecht sozialisiert wurden oder negative Erfahrungen mit Menschen gemacht haben, ist es besonders wichtig, sich fern zu halten. Nehmen wir Kontakt zu Katzen auf, sehen wir sie meist direkt an. Für misstrauische Katzen reicht dieser Blick schon aus und sie treten den Rückzug an. Denn Katzen starren einander an, wenn sie sich bedrohen. Daher kann intensiver Blickkontakt sogar zutrauliche Katzen verunsichern und zum Weglaufen bringen.

Bist du freundlich?

Neugierig untersucht dieser Kater die fremde Person in seinem Revier. Da sie weg- und nicht zum Kater sieht, besteht für ihn kein Grund zur Beunruhigung. Menschen, die keine Katzen mögen, beklagen sich häufig darüber, dass sie sich ausgerechnet auf ihren Schoß setzen. Sie werden angelockt, weil die Person sie nicht ansieht, während katzenliebende Menschen sie mit ihrem freundlichen Anstarren häufig vertreiben.

WUSSTEN SIE?

- Bei zufälligem Blickkontakt blinzeln Katzen oder die Augen schließen.
- Blinzeln Sie und sehen Sie weg, wenn Sie das Vertrauen einer fremden Katze gewinnen möchten.

Bitte nicht anstarren!

Selbst sehr zutrauliche Katzen mögen es nicht, angestarrt zu werden. Sie gewöhnen sich zwar an unsere Blicke, wenn sie mit uns zusammenleben. Werden sie jedoch intensiv angestarrt, fühlen sie sich nicht wohl. Gewöhnlich drehen sie den Kopf weg oder schließen die Augen, um die Spannung zu lösen. Fühlen sie sich unwohl, aber nicht bedroht, scheint das Schließen der Augen sie glauben zu lassen: „Wenn ich dich nicht sehe, siehst du mich auch nicht.“

Bist du vertrauenswürdig?

Das Kind und das Kätzchen sind sich gerade begegnet. Überrascht vom Niederknien und Anstarren des Kleinen hat das Kätzchen mit erhobener Pfote innegehalten und überlegt nun, ob es sich gefahrlos weiter annähern kann. Es ist aber von der Reaktion des Kindes nicht irritiert, da es mit Kindern aufgewachsen ist. Der intensive Blick ist jedoch Anlass, die Absichten des Kindes zu überprüfen, bevor es sich weiter nähert.

Richtig streicheln

Die meisten Hauskatzen genießen es, gestreichelt zu werden. Dennoch haben sie scharfe Krallen und Zähne. Daher ist es klüger, sie nicht zu verärgern. Es gibt einige Körperregionen, an denen sie nicht gestreichelt werden möchten. Bei Katzen, die als Welpen oder auch später als Erwachsene schlecht behandelt wurden, sollte man nur den Rücken, die Seiten und den Schwanz, also die so genannten „sicheren Zonen" streicheln. Den Kopf, mit all seinen Sinnesorganen, den Bauch und die Beine sollte man auslassen.

Mag ich das?

Die Katze genießt es, gestreichelt zu werden. Sie schnurrt und knetet den Teppich mit den Vorderpfoten. Sie hat sich hingelegt, um es noch bequemer zu haben, und scheint völlig entspannt zu sein. Allerdings ist der empfindliche Bauch eine heikle Gegend zum Streicheln. Sie ist eine sehr tolerante Katze. Wäre es ihr Besitzer, den sie kennt und dem sie vertraut, würde sie ihn wahrscheinlich gerne fortfahren lassen.

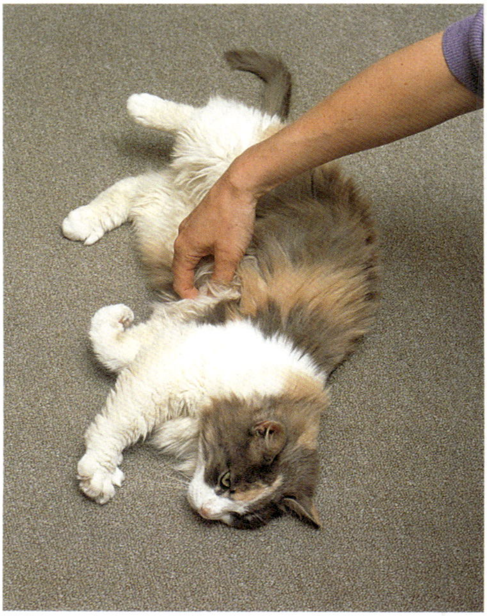

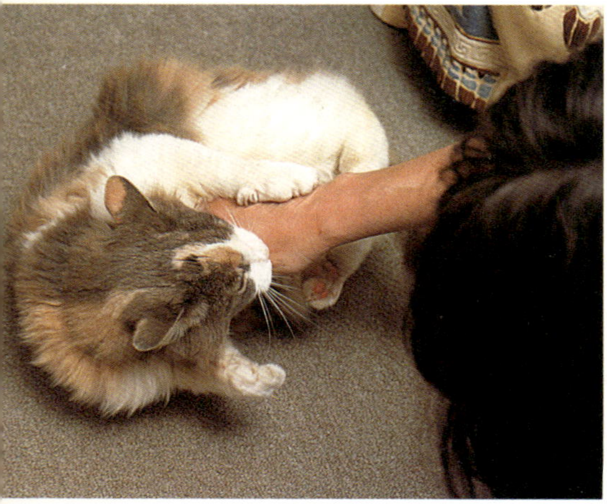

Weg da!

Die Berührung am Bauch hat eine Beiß- und Kratzreaktion ausgelöst, um die Hand zu vertreiben. Da die Katze Menschen gewohnt ist, sind Bisse und Kratzer stark abgeschwächt. Manche Katzen scheinen bei der Berührung des Bauches in Panik zu geraten und wehren sich mit heftigen Bissen und Hieben gegen den „Angreifer". Solange man eine Katze nicht kennt, ist es besser, den Bauch auszulassen.

WUSSTEN SIE?

- Je besser eine Katze in den ersten Lebenswochen behandelt wird, umso freundlicher wird sie zu Menschen.
- Hatte ein Welpe in den ersten Wochen zu mindestens vier Menschen Kontakt, wird er mit den meisten Menschen zurechtkommen.

Freundliche Kinder

Unbekannte Katzen kann man am Hals und am Rücken streicheln, das sind „sichere Zonen". In diesem Bereich werden keine Sinnesorgane oder empfindliche Stellen gestört. Findet eine Katze Sie sympathisch, dann lädt sie Sie vielleicht auch ein, ihren Kopf zu streicheln, indem sie ihr Gesicht an Ihrer Hand reibt. Das Streicheln entlang des Körpers und Schwanzes wird von den allermeisten Katzen gern akzeptiert.

Das mag ich!

Die Duftdrüsen an der Schwanzwurzel werden gegen die streichelnde Hand gedrückt. Katzen scheinen jede Möglichkeit, die dazu beiträgt, ihren Duft mit dem ihrer Menschen zu vermischen, sehr zu schätzen. Bei fremden Katzen ist es besser, an dieser Stelle aufzuhören, da man nicht weiß, ob nicht einmal jemand am Schwanz der Katze gezogen hat.

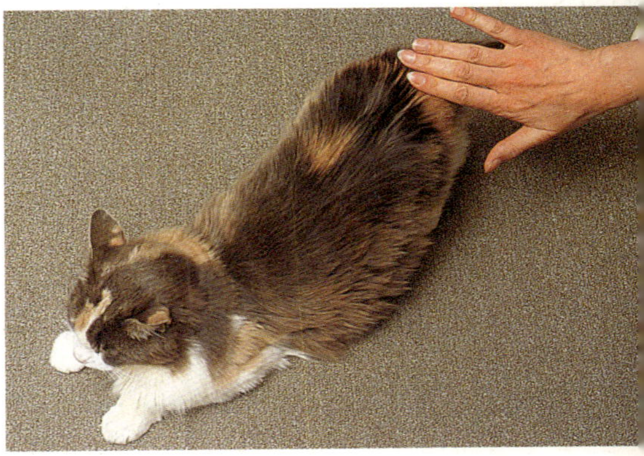

Training

Katzen sind lernfähig. Sie lernen sehr schnell, wie sie sich verhalten müssen, damit wir sie zum Beispiel füttern oder die Tür für sie öffnen. Diese Verhaltensweisen setzen sie häufig als Signal ein, wenn sie etwas haben möchten. Es ist möglich, sie zu trainieren, vorausgesetzt, man hat jede Menge an kleingeschnittenen Belohnungen für sie. „Nein“ zu sagen oder sie sogar zu bestrafen, funktioniert auf keinen Fall. Katzen bekommne sehr schnell Angst und werden widerspenstig, wenn sie schlecht behandelt werden.

Gib mir das Futter!

Dieser Kater hat ein eigenes Zeichen, um seinem Besitzer zu zeigen, dass er gern gefüttert werden möchte. Auf den Hinterbeinen stehend, versucht er, mit den Vorderpfoten die Arbeitsfläche zu berühren. Möglicherweise hat er es versucht, als sein Besitzer einmal etwas langsamer beim Füttern war und da es funktioniert hat, macht er es seither immer.

WUSSTEN SIE?

- Jede belohnte oder selbstbelohnende Handlung wird immer wieder wiederholt.
- Ignorierte oder nicht wirklich belohnte Handlungen werden nicht so häufig wiederholt.

Ich komme

Einer Katze beizubringen, auf Ruf zu kommen, ist relativ einfach. Dieser Kater hat gelernt, dass es Futter gibt, wenn seine Besitzerin ihn ruft. Er wird kommen, wenn er gerufen wird und hungrig ist. Einer Katze beizubringen, zum Fressen nach Hause zu kommen, ist sinnvoll, da man sie so über Nacht, wo die Gefahr eines Autounfalls am größten ist, im Haus behalten kann.

Langsam ...

Das Kätzchen hat Appetit auf das angebotene Leckerchen. Als es sich darauf konzentriert, wird das Leckerchen höher gehalten, so dass das Kätzchen sein Gewicht nach hinten verlagert, um ihm zu folgen.

... hin ...

Das Leckerchen wird in der selben Position gehalten. Durch das auf die Hinterbeine verlagerte Gewicht wird es leichter, sich zu setzen. Der Schwanz ist zum Balancieren ausgestreckt und die Pfote angehoben, um nach dem Futter zu tätzeln.

... setzen

Zuletzt sitzt das Kätzchen und bekommt sofort das Leckerchen. Nach vielen Wiederholungen wird das Kätzchen irgendwann merken, dass es sich setzen muss, um das Leckerchen zu bekommen. Benutzt man dabei immer das gleiche Wort (z.B. Sitz), verknüpft das Kätzchen dies mit dem Hinsetzen.

Spiele und Spielzeuge

Mit unseren Katzen zu spielen, ist für beide, Katze wie Mensch, eine lohnende Angelegenheit. Es gibt viele verschiedene Spielzeuge auf dem Markt, die so entworfen sind, dass sie das Verhalten von Beute imitieren sollen. Zweck ist, den Jagdinstinkt der Katze anzusprechen. Am meisten spielen Katzen während der Welpenzeit. Lernen sie in dieser Zeit, mit Spielzeugen zu spielen, spielen sie auch als erwachsene Katze gern. Am meisten Spaß macht es der Katze, wenn das Spielzeug so bewegt wird, als wäre es ein Beutetier.

Ich krieg' dich

Dieses Kätzchen interessiert sich für den Ball. All seine Sinne sind auf ihn gerichtet, während sein Schwanz zum Balancieren ausgestreckt ist. Kleine, leichte Bälle sind geeignetes Spielzeug, da sie schnell umhergeschossen werden können. Kleine Objekte, die sich schnell hin- und herbewegen, sind sehr beliebte „Spielbeute".

Ich kann's fangen

Dieses Spielzeug wird vor der Nase des Kätzchens hin- und herbewegt und imitiert einen Vogel. Das Kätzchen hebt die Pfote, um es zu erwischen, aber das Mädchen lässt es es nicht fangen. Es kann für die Katze sehr frustrierend sein, das Spielzeug nie zu erwischen. Sie sollte es ab und zu fangen dürfen, damit sie darauf herumbeißen kann wie bei einer richtigen Beute. Nur so ist das Spiel für sie erfüllend.

Ich hole ihn

Ist eine Katze vom Spielzeug begeistert, kann man ihr das Apportieren beibringen, wenn man früh genug damit beginnt. Es ist nicht einfach, da man ihr Verhalten genau im richtigen Moment bestärken muss. Doch wenn die Katze den Ball zurückbringt, macht es auch dem Besitzer mehr Spaß und er wird öfter mit ihr spielen. Spiele festigen die Bindung zwischen Mensch und Katze.

Ich bin zu faul

Diese Katze ist zu alt und müde, um viel zu spielen. Sie hat ein Weilchen gespielt und kann nun nicht mehr verlockt werden, das Spielzeug weiter zu jagen, egal wie sehr man sich bemüht. Mit zunehmendem Alter verringert sich das Bedürfnis nach Spiel, bis es eventuell eines Tages ganz verschwindet und die Katze zufrieden damit ist, den ganzen Tag herumzuliegen.

WUSSTEN SIE?

- Spielzeuge immer wieder kurz aus einem Versteck lugen zu lassen, verlockt die meisten Katzen zum Spielen.
- Bewegungen von einer Seite zur anderen interessieren die Katze mehr als Auf-und-Ab-Bewegungen.
- Sich schnell und unregelmäßig bewegende Spielzeuge werden eher gejagt als regungslos liegende.

Register

Zum Weiterlesen

Becvar, Dr. Wolfgang: Naturheilkunde für Katzen. Kosmos, Stuttgart 2003.
Faustmann, Ingo: Katzensprache. Kosmos, Stuttgart 1999.
Grimm, Hannelore: So fühlt sich meine Katze wohl. Kosmos, Stuttgart 2002.
Grimm, Hannelore: Glückliche Wohnungskatzen. Kosmos, Stuttgart 2002.
Hensel, Wolfgang: Deine Katze. Kosmos, Stuttgart 2002.
Lauer, Isabella: Meine Katze. Kosmos, Stuttgart 2004.
Lauer, Isabella: Wenn Katzen reden könnten. Kosmos, Stuttgart 2003.
Mahkorn, Dr. Medea-Rachel: Erste Hilfe für meine Katze. Kosmos, Stuttgart 2002.
Metz, Gabriele: So verwöhne ich meine Katze. Kosmos, Stuttgart 2003.
Turner, Dr. Dennis C.: Turners Katzenbuch. Wie Katzen sind, was Katzen wollen – Informationen für eine glückliche Beziehung. Kosmos, Stuttgart 2004.
Wolf: Dr. Wolf Tiersprechstunde für Katzen. Kosmos, Stuttgart 2003.

Danksagung

Ich möchte all den Menschen danken, die mir so viel über Katzen beigebracht haben. Insbesondere Sarah Heath, die mir bereitwillig ihr Wissen weitergab und das Buch mit ihren nützlichen Hinweisen um so vieles verbessert hat. Dank gebührt auch den Verhaltensforschern und Wissenschaftlern John Bradshaw, Sandra McKune, Peter Neville und Dennis Turner, die mit ihrem Wissen dazu beigetragen haben, dass dieses Buch entstand.
Ich möchte auch Laura Borromeo, die in bewundernswerter Art gerettete Katzen rehabilitiert, für ihr Wissen, das Korrekturlesen und ihre Freundschaft danken. Ich bedanke mich auch bei Ryan Neile, einem vielversprechenden Verhaltensforscher, für das Korrekturlesen und seinen Enthusiasmus bei diesem Projekt.
Ein Danke auch an Georgina Parker und Ryan Neile für das Aussuchen der Katzen für die Fotos und den liebevollen Umgang mit ihnen, und an Steve Gorton für die wundervollen Fotos, die auch gelangen, wenn es nur eine Chance gab es zu schießen. Ich bin den Besitzern, die uns ihre hinreißenden Katzen zur Verfügung stellten, dankbar und The Blue Cross, die uns erlaubten, Fotos von einigen ihrer Schützlinge, die auf ein neues Zuhause warten, zu machen.

Gwen Bailey

Bildnachweis
Ardea 31 oben; Francoise Gohier 85 oben
Getty Stone / Paul Souders 87 unten
Getty Telegraph / Arthur Tilley 87 oben / Maria Spann 84 oben
Octopus Publishing Group Limited /Jane Burton 57 oben, 82 unten, 84 unten, 93 oben
Warren Photographic / Jane Burton 2, 76, 77 oben, 79 unten, 81 oben, 81 unten, 83 oben, 85 unten, 92 unten
Alle anderen Fotos: Octopus Publishing Group Limited / Steve Gorton